"十三五"职业教育铁道运输类专业规划教材

Tielu Putong Huowu Yunshu
铁路普通货物运输

毛 鹤　王萌萌　主　编
叶清贫　杨淑丽　王　玮　副主编
　　　　　　　　吴远林　主　审

人民交通出版社股份有限公司
China Communications Press Co.,Ltd.

内容提要

本书是"十三五"职业教育铁道运输类专业规划教材,主要内容包括:铁路货物运输基础知识、整车货物运输组织、铁路货物运输价格、货物损失处理、铁路货场管理。

本书可作为高职、中职院校铁道运输类专业教学使用,也可作为铁路行业人员培训教材。

* 本书配有多媒体课件,读者可通过加入职教铁路教学研讨群(QQ 群:211163250)索取。

图书在版编目(CIP)数据

铁路普通货物运输 / 毛鹤,王萌萌主编. — 北京:人民交通出版社股份有限公司,2018.8
 ISBN 978-7-114-14734-0

Ⅰ.①铁… Ⅱ.①毛…②王… Ⅲ.①铁路运输—货物运输—高等学校—教材 Ⅳ.①U294

中国版本图书馆 CIP 数据核字(2018)第 177300 号

"十三五"职业教育铁道运输类专业规划教材

书　　名:	铁路普通货物运输
著 作 者:	毛　鹤　王萌萌
责任编辑:	钱　堃　肖　鹏
责任校对:	刘　芹
责任印制:	刘高彤
出版发行:	人民交通出版社股份有限公司
地　　址:	(100011)北京市朝阳区安定门外外馆斜街 3 号
网　　址:	http://www.ccpress.com.cn
销售电话:	(010)59757973
总 经 销:	人民交通出版社股份有限公司发行部
经　　销:	各地新华书店
印　　刷:	北京印匠彩色印刷有限公司
开　　本:	787×1092　1/16
印　　张:	8.75
字　　数:	201 千
版　　次:	2018 年 8 月　第 1 版
印　　次:	2020 年 8 月　第 3 次印刷
书　　号:	ISBN 978-7-114-14734-0
定　　价:	28.00 元

(有印刷、装订质量问题的图书由本公司负责调换)

前　言

铁路运输是我国交通运输体系的骨干,具有运输能力大、运输距离长、运送速度快、安全程度高、运输成本低廉、运输准时方便、对环境污染小以及受气候条件影响小等特点,这些都是其他运输方式不可替代的优势。

本书是"十三五"职业教育铁道运输类专业规划教材之一。本书共分5个项目,每个项目包括项目描述、教学目标、基础知识、拓展知识、项目小结、实训项目、复习思考模块。本书内容包括:铁路货物运输基础知识、整车货物运输组织、铁路货物运输价格、货物损失处理和铁路货场管理。

本书在编写过程中,汲取了相关教材的精华,并结合现场实际,以新的货运规章为主要依据,根据中国铁路总公司关于印发《铁路货运票据电子化作业办法》的通知(铁总货〔2018〕41号)编写了相关知识点,深化校企合作,注重新技术、新设备、新标准的引入,对普通货物运输组织过程进行了系统地介绍。本书可作为铁道交通运营管理专业和铁路物流管理专业的必修课教材,也可作为铁路运营管理工作人员的培训教材及教学参考书。

全书由毛鹤、王萌萌担任主编,叶清贫、杨淑丽、王玮担任副主编,武汉铁路局吴远林担任主审。编写分工为:武汉铁路职业技术学院毛鹤编写项目1中的任务2、项目2;湖南高速铁路职业技术学院王萌萌编写项目3;湖南高速铁路职业技术学院王玮编写项目4中的任务1~任务3;武汉铁路职业技术学院叶清贫编写项目5,武汉铁路职业技术学院杨淑丽编写项目1中的任务1、项目4中的任务4。

在本书编写过程中,各兄弟院校的老师、武汉铁路局武东车务段和兰州铁路局现场技术人员等给予了大力帮助,提出了许多宝贵意见,在此编写组成员向各位表示衷心感谢。

随着我国铁路货运的快速发展,相关规章、规范及标准可能会修订、调整,学习时应以现行规章、标准为准。

由于编者水平有限,书中难免有缺点和错误,恳请广大读者批评指正。

编　者
2018年3月

目 录

项目1 铁路货物运输基础知识 ··· 1
    任务1 货运工作基本任务及法规依据认知 ··· 1
    任务2 货物运输基本条件认知 ··· 3
        知识点1 货物运输种类 ·· 3
        知识点2 一批 ·· 5
        知识点3 货物运到期限 ·· 6
        知识点4 货物快速运输 ·· 9
        知识点5 货运营业站办理限制 ·· 10
    实训项目 铁路货物运输基础知识认知 ·· 12
    复习思考 ··· 13

项目2 整车货物运输组织 ··· 14
    任务1 整车货物运输组织方法认知 ·· 14
        知识点1 货物运输计划 ·· 14
        知识点2 货物运输作业流程 ·· 15
    任务2 整车货物发送作业认知 ··· 16
        知识点3 托运与受理 ··· 16
        知识点4 进货、验收和保管 ·· 21
        知识点5 货物装车作业 ·· 24
        知识点6 制票、承运和押运 ·· 34
    任务3 整车货物途中作业认知 ··· 35
        知识点7 货运检查 ··· 35
        知识点8 货运交接 ··· 38
        知识点9 异常情况处理 ·· 40
    任务4 整车货物到达作业认知 ··· 43
        知识点10 到达作业程序 ·· 43
        知识点11 卸车作业 ··· 43
        知识点12 交付工作 ··· 45
    实训项目 整车货物运输组织 ··· 50
    复习思考 ··· 50

项目3 铁路货物运输价格 ··· 51
    任务1 货物运费计算 ·· 51

知识点1　货物运费概念和分类 ················· 51
　　　知识点2　运费计算程序和公式 ················· 52
　　　知识点3　运价里程 ························· 53
　　　知识点4　运价号及运价率 ··················· 56
　　　知识点5　计费重量及尾数处理 ················· 57
　　任务2　整车货物运费计算 ······················ 58
　　　知识点6　一般整车货物运费 ··················· 58
　　　知识点7　特殊货车货物运费 ··················· 59
　　任务3　其他运输费用计算 ······················ 64
　　　知识点8　杂费计算方法 ······················ 64
　　　知识点9　货物运输变更运费 ··················· 65
　　实训项目　铁路货物运价 ······················· 67
　　复习思考 ································· 68

项目4　货物损失处理 ···························· 70
　　任务1　货物损失种类与等级认知 ················· 70
　　任务2　货物损失记录的种类和编制 ················ 72
　　　知识点1　货物损失记录的种类 ················· 72
　　　知识点2　货运记录的编制 ··················· 73
　　　知识点3　普通记录的编制 ··················· 77
　　任务3　货物损失处理作业 ······················ 79
　　　知识点4　货物损失处理程序 ··················· 79
　　　知识点5　货物损失报告与勘查 ················· 81
　　　知识点6　货物损失的调查处理 ················· 84
　　任务4　货物保价运输 ························· 90
　　实训项目　货物损失处理 ······················· 97
　　复习思考 ································· 98

项目5　铁路货场管理 ···························· 100
　　任务1　货场管理认知 ························· 100
　　任务2　货场分类与配置 ······················· 102
　　　知识点1　货场分类 ························· 102
　　　知识点2　货场配置 ························· 103
　　任务3　货场设备及作业管理 ···················· 105
　　　知识点3　货场场库设备 ····················· 105
　　　知识点4　货场装卸设备 ····················· 111
　　　知识点5　货位管理 ························· 114
　　　知识点6　货场作业管理 ····················· 116

任务4　专用线管理 ………………………………………………………… 119
　　实训项目　铁路货场管理 ………………………………………………… 123
　　复习思考 …………………………………………………………………… 123
附录 ……………………………………………………………………………… 125
参考文献 ………………………………………………………………………… 132

项目1　铁路货物运输基础知识

 项目描述

铁路运输是现代化交通运输方式之一,铁路运输的货物品种多样、性质各异,对运输条件的要求也各有不同。货运作业是铁路货物运输的基础。为了安全、迅速、经济、便利地运输货物,托运人和承运人双方都要对铁路货物运输相关知识有一定的认知。

本项目将系统地介绍货运工作基本任务及法规依据、货物运输基本条件中的货物运输种类、货物运输单位、货物运到期限、货物快速运输、货运营业站办理限制。

 教学目标

1. 知识目标
(1)了解铁路货运工作基本任务,理解铁路货运工作的法规依据。
(2)掌握铁路货物运输基本条件。
2. 能力目标
(1)能根据铁路货运工作具体情况,准确查找法律法规和规章依据。
(2)能通过任务的学习,说明不同种类货物所要求的基本运输条件。
建议课时:10 课时。

 基础知识

任务1　货运工作基本任务及法规依据认知

一、铁路货物运输优点

铁路、公路、水路、管道、航空 5 种运输方式,共同构成我国现代化交通运输网络。铁路是我国国民经济的大动脉,是我国现代交通运输网的骨干。国内的长途货物运输和大宗物资运输,主要依靠铁路来承担。铁路运输具有以下优点:
(1)运送速度快。
(2)安全程度高。
(3)运输距离长。
(4)运输成本低。

(5)运输能力大。

(6)受天气影响小。

(7)能耗低,对环境污染小。

二、货运工作基本任务

铁路货运工作集生产、管理和服务于一身,其基本任务是:

(1)根据国民经济计划、社会经济发展需求以及铁路运输能力,制订货运工作方案,组织合理运输、联合运输、直达运输,提高货运组织工作水平。

(2)采用新型货运设备,挖掘既有设备的能力,加速铁路货车周转,提高铁路货运效率。

(3)严格遵守货物运输法律法规,确保货物运输条件,正确划分并履行铁路与托运人、收货人在货物运输过程中的责任,确保货物运输的安全和货物完整。

(4)正确分析并妥善处理铁路货运损失,建立健全安全防范体系,不断提高铁路货运质量和信誉。

(5)加强铁路货场的管理,加强专用线和专用铁路的管理,提高货运作业能力,推行作业标准化制度,提高货运作业质量和作业效率。

(6)对铁路职工进行思想、职业道德和技术业务等方面的教育,不断提高职工的整体素质水平,使他们能更好地为铁路货物运输服务。

三、货运工作法规依据

1. 铁路货物运输相关法律法规

(1)《中华人民共和国合同法》(以下简称《合同法》)是调整平等主体之间的交易关系的法律,对货物运输合同作出了专项规定,对货物运输合同的具体内容作了一般性规定。

(2)《中华人民共和国铁路法》(以下简称《铁路法》)是保障铁路运输和铁路建设顺利进行的法律规定,是组织铁路货物运输时必须遵守和执行的法律依据。

(3)《铁路运输安全保护条例》是确保铁路安全畅通,保护人身财产安全,加强铁路运输安全管理的行政法规。

(4)《铁路货物运输合同实施细则》(以下简称《实施细则》)是《合同法》的组成部分,《实施细则》规定了铁路运输合同的制订、履行、变更和解除,详细地规定了铁路货物运输过程中,托运人与承运人、收货人应该享有的权利、承担的义务和责任,是组织铁路货物运输合同实施工作更为直接的依据。

2. 铁路货运工作主要规章

(1)《铁路货物运输规程》及相关规则

《铁路货物运输规程》(以下简称《货规》)是货物运输的基本规章,是组织铁路货物运输最直接的依据,托运人、承运人和收货人都必须遵守、执行。《货规》明确规定了铁路货物运输的基本条件、货物运输合同、货物的承运和交付、装车和卸车、货物的搬入和搬出、货运事故的处理及赔偿、承运人和托运人双方责任的划分等。《货规》引申的规章有:《铁路货物运价规则》《铁路危险货物运输管理暂行规定》《铁路鲜活货物运输规则》《铁路超限超重货物运输规则》《铁路货物装载加固规则》《快运货物运输办法》《铁路集装箱运输规则》《铁路货物保价运输办法》《铁路货物运输杂费管理办法》等。

（2）铁路内部货运管理规则与办法

铁路内部货运管理规则与办法主要有：《铁路货物运输管理规则》《铁路货运检查管理规则》《铁路集装箱运输管理规则》《铁路货物保价运输管理办法》《货车篷布管理规则》等。

（3）国际联运规章

国际联运规章包括《国际铁路货物联运协定》《国际铁路货物联运协定统一过境运价规程》《国境铁路协定》《国境铁路会议议定书》。

（4）水陆联运规章

《铁路和水路货物联运规则》适用于水陆联运的运输方式。

（5）军运规章

军运规章主要有《铁路军事运输管理办法》《铁路军事运输现场工作规则》《军用危险货物铁路运输管理规则》等。

（6）其他法律法规

其他法律法规包括国务院各部委与铁路总公司联合发布的货物运输相关法律法规。

任务2　货物运输基本条件认知

知识点1　货物运输种类

一、铁路运输货物分类

1. 按货物类别分类

我国铁路运输的货物共分为28个品类，即：煤、石油、焦炭、金属矿石、钢铁及有色金属、非金属矿石、磷矿石、矿物性建材、水泥、木材、粮食、棉花、化肥及农药、盐、化工品、金属制品、工业机械、电子电器机械、农业机具、鲜活货物、农副产品、饮食及烟草制品、纺织皮毛制品、纸及文教用品、医药品、其他货物、零担、集装箱。

2. 根据货物外部形态分类

根据货物的不同外部形态，可将货物分为成件货物（箱、袋、桶、捆、筐、罐）、大件货物（机械、汽车、金属制品、水泥制品）、散堆装货物（粉、块、粒状）、集装箱货物。

3. 按货物对运输条件要求的不同分类

按照货物对运输条件要求的不同，可将货物分为按普通条件运输的货物和按特殊条件运输的货物。按特殊条件运输的货物包括阔大货物、危险货物、鲜活货物等。

二、铁路货物运输种类

根据铁路运输的货物的数量、性质、包装、体积、形状和组织方法，可将铁路货物运输划分为整车运输、零散快运、批量运输、集装箱运输4种。

1. 整车运输

需要以1辆或1辆以上的货车装运的货物，应按整车方式运输。

2. 零散快运

零散货物,是指大宗货物以外的货物。对于批量零散货物中属于快运品类的货物,一批重量不足30t且体积不足60m³的,可按零散货物快运办理;对于非批量零散货物中属于快运品类的货物,不足整车时,可按零散货物快运办理,但以下情况除外:

(1)散堆装货物。

(2)危险货物、超限、超重和超长货物。

(3)活动物及需冷藏、保温运输的易腐货物。

(4)易污染其他货物的污秽货物。

(5)军运、国际联运、需在米轨与标准轨(以下简称"准轨")换装运输的货物。

(6)在专用线(专用铁路)装卸车的货物。

(7)国家法律法规明令禁止运输的货物。

(8)其他不宜作为零散货物运输的货物。

零散货物按货物实际重量(体积)进行受理和承运。

对于单件重量超过1.5t、体积超过2m³或长度超过5m的零散货物,以及有特殊运输需求的零散货物,由发到站确认后受理,并明确装运条件。

3. 批量运输

批量货物,是指适用于每一批托运重量超过30t或体积大于120m³的152类小运量白货品类货物,按整车组织装运。批量运输一般按实际重量计费,但密度小于167kg/m³的货物,按照167kg/m³计费。

以下货物不可批量运输:

(1)散堆装的货物。

(2)超长、超重、超限、集装的货物。

(3)国际联运货物。

(4)需使用棚车、敞车以外的其他车型装运的货物。

4. 集装箱运输

集装箱运输是以集装箱为载体,将货物集合组装成集装单元,便于运用大型装卸机械进行装卸搬运的一种运输方式,适用于贵重、怕湿、精密、易损货物的运输。

三、整车运输的特殊形式

1. 整车分卸及其办理条件

整车分卸是根据托运要求,将同一径路上2个或3个到站后即在站内卸车的货物装在同一货车内,作为一批货物来运输的一种特殊的运输组织方式。

按整车分卸办理的条件:

(1)必须是能够按整车办理的货物。

(2)分卸站必须在同一径路上,且最多不超过3个。

(3)应在站内公共装卸场所卸车,不能在铁路专用线(以下简称"专用线")、专用铁路卸车。

(4)蜜蜂、需要制冷或保温的货物以及不易计算件数的货物,不得按整车分卸办理。

2. 途中装卸和站界内搬运

途中装卸是指在两个车站之间的区间或在非货运营业办理站的车站装卸车,因特殊原因或当地没有合适的搬运工具,对按整车运输的货物,托运人可要求站界内搬运或途中装卸。途中装卸的组织工作,由托运人和收货人负责。

站界内搬运是指在站界内铁路营业线上或站线与专用线之间的运输。

途中装卸和站界内搬运都只按规定核收运费,不另收取送车费。

途中装卸和站界内搬运办理条件:

(1)按整车运输的货物,可在铁路局管内车站办理。

(2)危险货物不得办理。

3. 准、米轨直通运输

为了方便物资运输,减少托运人和收货人在运输途中的作业手续,铁路开办整车货物准、米轨之间的直通运输,即使用一份运输票据,跨及准轨与米轨铁路,将货物从发站直接运送至到站。下列货物不得办理准、米轨直通运输:

(1)鲜活货物及需要冷藏、保温或加温运输的货物。

(2)罐车运输的货物。

(3)每件重量超过5t(特别商定者除外)、长度超过16m或体积超过米轨装载限界的货物。

准、米轨之间直通运输的整车货物,一批的重量或体积应符合下列要求:

(1)轻浮货物常见体积为 $60m^3$、$95m^3$、$115m^3$。

(2)重质货物常见重量为 30t、50t、60t。

4. 国家铁路(以下简称"国铁")与地方铁路间直通运输

国铁与地方铁路之间货物的直通运输是指国铁与地方铁路之间的一票直通运输。办理直通运输的车站,国铁车站由铁路总公司公布于《货物运价里程表》内,是办理货运业务的正式营业车站;地方铁路车站为经地方铁路局提出、报接轨站所在铁路局同意后,由铁路总公司在《铁路客货运输专刊》公布的车站。

知识点2 一批

一、一批的概念

一批是铁路承运货物、计收运费、交付货物和处理货物损失的基本单位,按一批托运的货物使用一张货物运单和一份货票,按照同一运输条件进行运输。

二、按一批货物办理的条件

按一批运输的货物,其托运人、收货人、发站、到站和装卸地点必须相同(整车分卸货物除外)。

三、一批的划分

(1)整车货物以每车为一批;跨装、爬装及使用游车的货物,每一车组为一批。如图1-1所示。

(2) 使用集装箱运输的货物，以每张货物运单为一批。

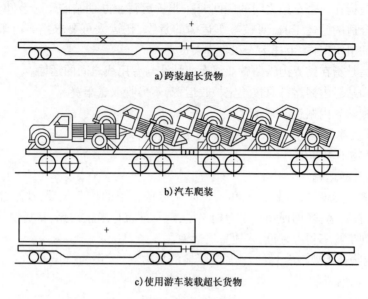

图 1-1　跨装、爬装及使用游车的货物

四、按一批办理的限制

(1) 易腐货物与非易腐货物。
(2) 危险货物与非危险货物(另有规定者除外)。
(3) 根据货物的性质不能混装运输的货物(如液体货物、怕湿货物、食品与有异味的货物等)。
(4) 保价运输的货物与未保价运输的货物。
(5) 投保运输险货物与未投保运输险货物。
(6) 运输条件不一样的货物(如海关监管货物与非海关监管货物，不同热状态的易腐货物等)。

上述不能按一批托运的货物，在特殊情况下，如果不影响货物安全、运输组织工作和赔偿责任的确定，经铁路局同意也可按一批托运。

知识点 3　货物运到期限

一、货物运到期限概念

货物运到期限是指铁路将货物由发站运至到站的最长时间限制，是根据铁路现有技术设备条件和运输工作组织水平确定的，也是铁路承运货物的根据。

货物运到期限是铁路运输合同的重要内容，是对铁路运输企业的要求和约束，也是对托运人、收货人合法权益的保护。铁路实行运到逾期责任追究制度和货物运到逾期支付违约金制度。

二、货物运到期限计算

铁路货物运到期限由下述 3 部分组成：

$$T_{运到} = T_发 + T_运 + T_特 \tag{1-1}$$

1. 货物发送期限($T_发$)

货物发送期限规定为 1 日，从承运人承运货物的次日(指定装车日期的，为指定装车日的次日)起算。

2. 货物运输期限($T_运$)

普通货物运输，运价里程每 250km 或未满 250km，其货物运输期限为 1 日；按快运办理的整车货物，运价里程每 500km 或未满 250km，其货物运输期限为 1 日。

3. 特殊作业时间($T_特$)

(1)整车分卸货物，每增加一个分卸站，另加特殊作业时限 1 日；
(2)准、米轨间直通运输的整车货物，另加特殊作业时限 1 日；
(3)需要上门装、卸的货物，特殊作业时限各另加 1 日；
(4)需要门到发站、到站到门接取送达的货物，特殊作业时限各另加 1 日。

货物运输的终止时间：货物到站由承运人组织卸车的，到卸车完毕时止；由收货人组织卸车的，到货车调到卸车地点或货车交接地点时止。

货物运到期限，至少为 3 日，才能承运。

【例1-1】 李某从郑州西站至株洲北站托运一批书籍，要求到站送货到门，其运价里程为 958km，计算运到期限。

解：$T_{运到} = T_发 + T_运 + T_特 = 1 + 958/250 + 1 = 6(日)$

该货物的运到期限为 6 日。

三、货物容许运输期限

货物容许运输期限是由托运人提出的货物运输时限，承运人据此确定在规定的运到期限内该货物是否可以承运。

托运易腐货物、"短寿命"放射性货物时，应记明货物的容许运输期限。

容许运输期限须大于货物运到期限 3 日，方可承运。

【例1-2】 王某自昆明东站发往成都东站一批水果，运价里程为 1109km，水果的容许运输期限为 10 日，试确定该批水果可否承运？

解：$T_{运到} = T_发 + T_运 + T_特 = 1 + 1109/250 + 0 = 6(日)$

$T_容 - T_{运到} = 10 - 6 = 4(日)$

该批货物容许运输期限大于货物运到期限 3 日，所以可以承运。

四、货物运到逾期违约金计算

货物运到逾期，是指货物的实际运到天数超过规定的运到期限。货物运到逾期，则承运人应向收货人支付一定数额的违约金。

1. 逾期违约金的支付

若货物运到逾期，则承运人应向收货人按运费的一定比例支付违约金。违约金支付比例如表 1-1 所示。

运到期限(10 日及 10 日以内)违约金支付比例　　　　表 1-1

运到期限(日)	逾期总天数(日)					
	1	2	3	4	5	6~10
3	15%		20%			
4	10%	15%		20%		
5	10%	15%		20%		
6	10%	15%	15%		20%	
7	10%	10%	15%		20%	
8	10%	10%	15%	15%	20%	
9	10%	10%	15%	15%	20%	
10	5%	10%	15%	15%	15%	20%

货物运到期限为 11 日及 11 日以上,发生运到逾期时,按表 1-2 计算违约金。

运到期限(11 日及 11 日以上)违约金支付比例　　　　表 1-2

逾期总天数占运到期限的比例	违约金占运费的比例	逾期总天数占运到期限的比例	违约金占运费的比例
≤1/10	5%	>3/10,≤5/10	15%
>1/10,≤3/10	10%	>5/10	20%

2. 快运货物违约金

快运货物超过运到期限,按表 1-3 退还快运费。

快运货物违约金计算表　　　　表 1-3

运价里程(km)	逾期天数(日)	违约金	运价里程(km)	逾期天数(日)	违约金
≥1801	1	退还快运费的 30%	1201~1800	1	退还快运费的 50%
	2	退还快运费的 60%		≥2	退还快运费的 100%
	≥3	退还快运费的 100%	1200 及以下	≥1	退还快运费的 100%

快运货物运到逾期,除按表 1-3 中的规定退还快运费外,货物运输期间按每 250km 运价里程或其未满 250km 为 1 日,计算运到期限超时,还应按表 1-1 或表 1-2 规定,向收货人支付违约金。

【例 1-3】 A 站 9 月 14 日承运一批整车货物到 B 站(运价里程 1496km),9 月 24 日 B 站卸车完成,该货物是否逾期? 如果逾期,应向收货人支付多少逾期违约金?

解:$T_{运到} = T_发 + T_运 + T_特 = 1 + 1496/250 + 0 = 7$(日)

实际运到天数 T 为 10 日(承运次日 9 月 15 日至卸车完毕时间 9 月 24 日)

运到逾期天数 $T_逾 = T - T_{运到} = 10 - 7 = 3$(日)

查表 1-1,运到期限 7 日,逾期天数 3 日,应支付运费 15% 的违约金。

3. 不支付违约金的货物

(1)超限货物、限速运输的货物、免费运输的货物,承运人均不支付违约金。

(2)从承运人发出催领通知的次日起,如收货人在 2 日内未将货物领走,即失去要求承运人支付违约金的权利。

五、货物滞留时间

货物在运输过程中,由下列原因造成滞留的滞留时间,应从实际运到天数中扣除:
(1)因不可抗力引起的。
(2)由于托运人责任致使货物途中发生换装、整理所产生的。
(3)由于托运人或收货人要求运输变更所产生的。
(4)运输活动物,由于途中上水所产生的。
(5)其他非承运人责任导致的。

由于上述原因致使货物发生滞留时,发生货物滞留的车站,应在货物运单"承运人记载事项"栏内记明滞留时间和原因。到站应将各种情况所发生的滞留时间加总,加总后不足 1 日的尾数进整为 1 日。

【例1-4】 A 站 3 月 6 日承运一批整车货物到 B 站,运价里程为 1358km,由于天气原因,该批货物于 3 月 8 日在中途某站滞留 1 日,3 月 16 日到 B 站卸车完,问该批货物是否逾期?如果逾期,应向收货人支付多少逾期违约金?

解:货物在运输过程中,由不可抗力造成货物滞留的时间,应从实际运到天数中扣除,因此该批货物实际运到天数 T 为 9 日。

$$T_{运到} = T_发 + T_运 + T_特 = 1 + 1358/250 + 0 = 7(日)$$

运到逾期日数 $T_逾 = T - T_{运到} = 9 - 7 = 2(日)$

查表 1-1,运到期限 7 日,逾期天数 2 日,应支付运费 10% 的违约金。

知识点4 货物快速运输

一、货物快速运输

铁路货物快速运输(以下简称"快运"),是铁路为了加快货物运输、提高货物运输质量、适应市场经济的需要而开办的一种货物运输方式。

按快运办理的货物,托运人在向车站托运时,应在运单上加盖"快运"戳记,并缴纳快运费。

快速货运班列目前有铁路快运货物班列和直达货物班列。

1. 铁路快运货物班列

铁路快运货物班列是指在固定发到时间,有固定车次和运行线、明确的开行周期和运行时刻,按客车化模式组织开行的货物列车,按照速度等级分为特快、快速、普快货物班列。

(1)特快货物班列为使用 25T 型行李车编组,最高运行时速达 160km 的快运货物班列,固定发站、到站、车次、运行线和运行时刻,每日开行。目前,特快货物班列在北京、上海、广州(深圳)各站间开行 5 对(10 列),其中有 3 对(6 列)为电商班列。

(2)快速货物班列为使用 P65 或 PB 型车编组,最高运行时速达 120km 的快运货物班列,固定发站、到站、车次、运行线,有明确的开行周期和运行时刻。目前,我国有快速货物班列 35 列。

(3)普快货物班列为在全国主要大中城市、港口、物流集散地之间组织开行的,最高运行时速为 80km 的快速货物班列。

2. 铁路直达货物班列

铁路直达货物班列是指固定发到站、固定货物品类、固定周期、固定运行线、固定车次的整列始发直达货物班列。

二、"五定"班列

1. "五定"班列定义

"五定"班列,是指定点(装车站和卸车站)、定线(运行线)、定时(货物运到时间)、定价(全程运输价格)、定车次(直达班列车次),按公布的开行方案组织开行的货物列车。"五定"班列在发、到站间直通,开行运行线和车次全程不变,发到日期和时间固定,这种运输组织模式手续简便、运行速度快、价格优惠,从而可以安全、快捷、准时地运输货物。

2. "五定"班列的特点

(1)运行速度快。

(2)手续简便,托运人可在一个窗口一次办理好承运手续。

(3)一次收费,明码标价。

(4)价格优惠,多运多优惠。

(5)优质安全,保证运到时间,发生货运问题可及时理赔。

3. "五定"班列的开行条件

(1)具备均衡、稳定的货源,特别是零散货源,货源量要达到至少 2 日 1 列,并具备向每天 1 列发展的潜力。

(2)"五定"班列发到站具有相对固定的货物作业线、储存场地和作业场地,具备整列或成组作业能力。

(3)相关技术站具有集结、解体、取送车等作业能力。

4. "五定"班列的运输组织

"五定"班列在运输组织上实行"五优先、五不准",即优先配车、优先装车、优先挂运、优先放行、优先卸车;除特殊情况报铁路总公司批准外,不准停限装车、不准在分界口拒接、不准保留、不准途中解体、不准变更到站。

棉花、粮食、烟草、食用盐等政令限制物资和国家归口管理物资的运输,必须按国家有关规定办理。不明到站的军运物资、超限和限速运行的货物,不得纳入班列运输。

装车站在班列的货物运单、货票和票据封套右上角加盖"五定班列"红色戳记。铁路鲜活货物运输以"五定"班列等形式为客户服务,保证鲜奶、新鲜瓜果蔬菜等货物的快速运输。

知识点 5　货运营业站办理限制

营业办理限制分别按整车、集装箱在《货物运价里程表》上公布。

办理整车营业的车站,在营业线里程表中"营业办理限制"栏内公布。

办理集装箱营业的车站及其办理箱型,在集装箱办理站站名表中公布。

起重能力根据营业线里程表中"最大起重能力"栏中的规定来确定。

营业办理限制用符号"△"表示"不办理";用"○"表示"仅办理";用"□"表示可以办理。不能用符号表示的,另加文字说明。常用营业办理限制符号如下:

△货——站内及专用线均不办理货运营业。

△专——仅办理专用线、专用铁路货运作业。

△路——站内仅办理整车路用货物发到。

△牲——不办理活牲畜类货物发到。

△湿——站内不办理怕湿货物发到。

△散——站内不办理散堆装货物发到。

△蜂——站内不办理蜜蜂货物发到。

○危——站内办理危险货物运输。

拓展知识

零散货物快运组织

零散货物快运组织管理应遵循全程服务、管理规范、作业标准、方便快捷、安全优质的原则。零散货物快运分为环线快运和点对点快运。环线快运,是指以客车化模式开行的货物快运列车装运零散货物的装运方式;点对点快运,是指同车所装零散货物全部为同一到站且一站直达的装运方式。

零散货物快运车站(简称"快运车站")包括零散货物快运中心站(简称"中心站")、零散货物快运作业站(简称"作业站")、零散货物快运接续作业站(简称"接续站")、零散货物快运办理站(简称"办理站")、零散货物快运无轨办理站(简称"无轨站")。

中心站是指铁路局管内环线列车和跨局快运列车的发到站和集中作业站,中心站负责铁路局管内环线列车和跨局快运列车的货物中转、集散分拨、解编取送、车流交换、设备整备等。中心站应为具有货场的编组站或靠近编组站的货运站。原则上,每个铁路局设置1~2个中心站。中心站应具备车流交换、货物分拣、码放、配装作业、安全检查等条件。

作业站是指铁路局管内环线列车固定停车站,负责零散货物的受理、承运、制票、集结、保管、装卸、交付等。作业站应具备货物快运列车停靠、进出货、装卸车作业、货物集结、安全检查和防雨雪等基本条件,不受车站性质限制。

接续站是指相邻两铁路局管内环线列车交汇点,负责相邻铁路局管间货物的中转交换。接续站应具备货物快运列车停靠、装卸车作业、车流交换等基本条件,其原则上应为中心站或作业站。

办理站是指向作业站集送货物的铁路车站受理网点,负责零散货物的受理、保管、制票等。办理站应具备货物存放、检斤计量、制票收款等条件。既有的货运营业站应全部纳入办理站。

无轨站是指在铁路车站营业场所以外的货源集散地设立的铁路物流经营服务网点。

无轨站除具备揽货功能外,还应拓展以下功能:

(1)营销功能。营销功能包括物流市场调查、品牌宣传、业务洽谈、物流方案设计、客户关系管理等。

(2)服务功能。服务功能包括日常业务咨询、货物受理承运、电子商务服务、在线交易支持、周边客户自提等。

铁路局可根据市场需求和业务需要,在无轨站提供相应的营销和服务功能。

项目小结

通过本项目的学习,了解铁路货物运输应满足的基本条件,以及铁路货运工作中应该严格遵守的相关法律法规。

实训项目 铁路货物运输基础知识认知

1. 绘制我国铁路货物运输网络主要干线图。

2. 汇总我国铁路货物运输网络主干线跨越的省级行政区、直辖市、自治区、特别行政区(以下简称"省市区")、经过的主要货运站(见表1-4)。

线路跨越情况表　　　　　　　　　　　　　　　　　　　　　表1-4

序号	线 名	跨越的省市区	经过的主要货运站
1	陇海—兰新线		
2	京包—包兰线		
3	沪杭—浙赣—湘黔—贵昆线		
4	京沪线		
5	京广线		
6	京九线		
7	焦柳线		
8	宝成—成昆线		

3. 根据《货物运价里程表》(见表1-5),查找出有营业办理限制的车站。

营业办理限制车站统计表　　　　　　　　　　　　　　　　　表1-5

营业办理限制	站　　名
货	
专	
路	
牲	
湿	
散	
蜂	
危	

4. 指出表 1-6 中 10 种货物的办理种别。

货物办理类别表　　　　　　　　　　　　　　表 1-6

序号	货物名称	规　　格	办 理 种 别
1	活牛	1 头,50kg/件	
2	冻肉	2 箱,25kg/件	
3	硝化甘油炸药	2 箱,50kg/件	
4	炭黑	5 麻袋,50kg/件	
5	水泵	1 箱,11kg/件,0.23m×0.18m×0.4m	
6	服装	265 箱,35kg/件,0.85m×0.65m×0.4m	
7	蜜蜂	70 箱,30kg/件	
8	门吊桁架	1 件,500kg/件,长 32m	
9	小毛竹	1 捆,20kg/件	
10	机床	1 箱,3000kg/件	

复习思考

1. 铁路货运工作依据的主要法律法规有哪些？
2. 铁路运输的货物有哪些品类？
3. 铁路货物运到期限由哪些部分组成？
4. 何谓一批？一批的办理条件是什么？
5. 铁路货物运输划分为哪几种？
6. 什么是"五定"班列？
7. 整车运输的特殊形式有哪些？
8. A 站按整车运输一批货物到 D 站,要求上门取货,A、D 站间运价里程为 189km。试计算其运到期限。
9. A 站发往 H 站一批活猪,于 10 月 28 日承运,按快运办理,运价里程为 1582km,如果于 11 月 5 日卸车完毕,问到站后应如何处理？
10. 王某从甲站按整车托运一批货物到丙站,货物重 20300kg,运价里程为 1002km,试计算其运到期限。

项目2　整车货物运输组织

项目描述

整车货物运输量占铁路运输量的95%以上,普通货物中的大宗货物,特殊货物中的鲜活、危险、大件货物,基本上都属于整车货物。因此,掌握整车货物运输过程是货物运输的基础。

教学目标

1. 知识目标
(1)掌握整车货物运输组织方法。
(2)掌握整车货物发送作业过程。
(3)掌握整车货物途中作业的内容。
(4)掌握整车货物到达作业过程。
2. 能力目标
熟练掌握铁路货物运输的各个环节及相互联系。
建议课时:24课时

基础知识

任务1　整车货物运输组织方法认知

知识点1　货物运输计划

一、货物运输计划的意义

铁路是国民经济的大动脉,为了保证市场经济的有序发展,铁路必须实行计划运输。铁路运输计划是国民经济计划的一个重要组成部分,是铁路实行计划管理的基础。

铁路运输的主要任务是客货运输,通常将旅客运输计划、货物运输计划、机车车辆运用计划统称为运输计划。铁路货物运输计划在整个铁路运输计划中占有十分重要的地位,是对铁路货物运输的具体组织和安排,是铁路日常运输组织工作的重要组成部分,也是实现运输效益最大化的重要手段。

二、货物运输计划的作用与种类

货物运输计划应明确规定货物的运量、运量的构成和运输方向。为了加强计划管理,凡经由铁路运输的货物都要纳入运输计划,实行计划运输。

1. 货物运输计划的作用

(1)经济合理地使用铁路运输设备,优化运力资源配置,最大限度地满足国民经济对铁路运输的需要,促进国民经济发展。

(2)促进各种运输方式的合理分工和协调发展。

(3)科学地组织货源货流,优化货物运输组织,挖掘运输潜力,开展合理运输、直达运输,实现均衡运输。

(4)促进铁路自身的计划管理,为安排各种计划提供可靠的依据。

2. 货物运输计划的类别

按照货物运输计划实施期限的不同,将其划分为长远货物运输计划、年度货物运输计划、月度货物运输计划、旬计划、日计划。

(1)长远货物运输计划

长远货物运输计划是较长时间的远景计划,有五年计划、十年规划等。它根据国民经济和社会发展的远景规划进行编制,为制订铁路网发展规划和技术装备发展计划提供依据。

(2)年度货物运输计划

年度货物运输计划是指科学合理地制订和下达全路和各铁路局年度运输主要指标。年度运输计划的编制,应根据经济市场对铁路运输的需要,通过经济调查,核定年度货物发送量、确定货物流向,计算货物平均运程、货物周转量、货物运输密度等指标,并将这些数据作为编制年度机车车辆运用计划、列车编组计划和列车运行图的依据。

(3)月度货物运输计划

月度货物运输计划可以保证年度货物运输计划在计划月份的具体安排。月度货物运输计划是铁路紧密联系市场的纽带,是铁路货运营销的重要内容。

(4)日计划

日计划以满足和保证货物运输为前提,根据月度计划和运输实际情况编制、下达日计划,未纳入旬计划的需求要在日计划中安排,以确保货物随到随装。

知识点2 货物运输作业流程

货物运输的基本作业包括发送作业、途中作业和到达作业。其作业流程如图 2-1 所示。

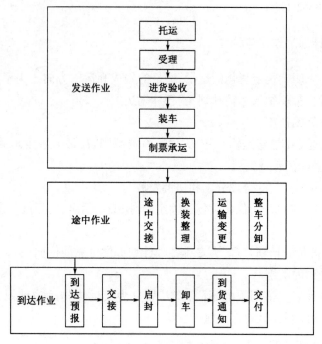

图 2-1　货物运输作业流程

任务2　整车货物发送作业认知

货物在发站所进行的各项作业统称为发送作业,发送作业包括托运、受理、进货、验收、制票、承运、装车等环节。

知识点3　托运与受理

一、托运

托运人通过电商系统在网上自助办理,或者通过委托货运站工作人员向承运人交运货物,称为货物的托运。

托运人在托运货物时,应对货物进行符合运输要求的包装,在货件上标出清晰明显的标记。凭证明文件运输的货物,须提供证明文件原件。

需要出示证明文件才能运输的货物,一般有以下几类:

(1)物资管理方面,如托运麻醉品、枪支、民用爆炸品等货物,托运人必须出示药政管理部门或公安部门的证明文件。

(2)物资运输归口管理方面,如托运烟草、酒类等,托运人应出示有关物资管理部门的证明文件。

(3)国家行政管理方面,如托运进出口货物,托运人应出示进出口许可证。

(4)卫生检疫方面,如托运种子、苗木、动物等,托运人应出示检疫证明文件。

为方便客户,客户可通过以下方式选择多种方式办理托运:

(1)铁路货运电子商务系统(简称电商系统)注册客户通过电商系统提出运输需求。

(2)非注册客户在铁路货运网上营业厅的"自助办理"项目中直接提出运输需求。

(3)客户拨打95306客服电话,货运客服人员根据客户提供的需求信息,在电商系统代为录入运输需求。

(4)客户拨打货运受理服务电话,货运网上营业厅工作人员根据客户提供的需求信息,在电商系统代替客户录入运输需求。

(5)客户在货运网上营业厅办理或货运工作人员上门受理的,可由客户填写纸质运单需求联,货运工作人员代替客户将其需求信息录入电商系统。

客户在电商系统注册时,应提供必要的证明材料,明确托运经办人。托运经办人变更时应及时更改托运经办人信息。

车站应落实货物运输实名制。托运人为个人的,查验托运人身份证原件,留存复印件;托运人为单位的,查验营业执照、经办人身份证原件,留存营业执照、经办人身份证复印件及注明经办人信息、联系方式、联系地址及所用印章的证明材料。承运零散快运货物时,车站查验经办人身份证原件,留存经办人身份证复印件或采集影像资料。

符合批量快运的货物,可按批量快运或整车方式运输。批量快运不能成组运输。

为了正确核收运输费用,以及在发生丢失、损坏等事故时便于划清承运人与托运人之间的责任、及时正确地处理赔偿,托运人应随货物运单提供物品清单(见表2-1),物品清单只能单车补充。

物 品 清 单　　　　　　　　　表2-1

发站_____ 需求号_____

序号	物品名称	包装	件数	重量(kg)	体积(m³)	价格(元)	备注
合计							

托运人签章_____　　　　　　　　　　　　　　　　　　　年　月　日

注:1.本清单一式二份,由托运人填写,内容必须真实、准确。发站将物品清单与实际货物核实后,打印两份,一份经托运人签字盖章后留存,一份交托运人。

2.托运物品中不得夹带物品清单未列载的物品。

3.备注栏填记托运人须特殊说明的事项。

货物名称不超过3个,则将其显示在"货物名称"栏。需要填物品清单的具体情况如下:①按一批托运的货物名称超过1个时;②托运搬家货物时;③货物名称为"混装货物"时;④以概括名称托运或品名、规格、包装不同,具体信息不能在货物运单内填记的保价货物。

二、货物运单

货物运单是托运人与承运人为运输货物而签订的一种运输合同。它是确定托运人、承运人、收货人之间在运输过程中的权利、义务和责任的原始依据。货物运单既是托运人向承运人托运货物的申请书,也是承运人承运货物、核收运费、填制票据、编制记录和备查的依据。

1. 货物运单格式(表2-2)

运单的背面印有"托运人须知""收货人须知"和"货物托运安全承诺书"。

2. 货物运单填写说明

货物运单中带"*"的栏目为必填项,具体填写要求见附录中的附表1。

3. 运单各联的用途(表2-3)

序号	各联名称	领收人	用途	备注
第1联	货物运单正本(发站存查联)	发站	发站留存的已生效的运输合同	相同的运单号
第2联	货物运单副本(收款人报告联)	发站	发站收款的已生效的运输合同(财务凭证)	
第3联	货物运单正本(托运人存查联)	托运人	托运人留存的已生效的运输合同	
第4联	货物运单副本(到站存查联)	到站	到站留存的已生效的运输合同	
第5联	货物运单副本(收货人存查联)	收货人	收货人留存的已生效的运输合同	
第6联	货物运单副本(领货凭证联)	收货人	收货人在到站办理领货的凭证	
第7联	货物运单(需求联)	发站	记录客户提报需求,发站留存	无运单号

三、受理

车站对客户提报的需求进行实货核实,在电商系统确认后,进行运单受理。

车站在电商系统进行实货核实并受理电子运单需求联,货运员受理时,应按既有规定选择"标准记事"中列明的记事,标准记事有对应戳记的在电子运单需求联中显示戳记。"承运人记事"除显示标准记事外,也可根据实际情况录入自由记事。

对于按成组或整列装车的货物,货票系统打印运单各联时应附车辆附表。运单车种车号栏记载"成组运输 X 车"或"整列运输 X 车""件数""货物价格""托运人确定重量""承运人确定重量",合计栏记载成组或整列装车的货物的合计数,运费栏按费用项目填记成组或整列装车的货物费用的合计数。

电子运单需求联通过货运受理后,托运人不能再修改。

1. 审核货物运单

在审核货物运单时,主要注意:

(1)检查运单需求信息是否完整、准确。

(2)审核证明文件、技术资料等的原件,采集影像资料,并在证明文件背面注明托运货物数量,加盖车站日期戳,退还托运人或按规定存查。

(3)一批中有多种货物时,是否满足一批的条件。

(4)易腐货物和"短寿命"放射性货物的运到期限能否得到满足,按规定托运易腐货物和"短寿命"放射性货物时,应记明货物的容许运输期限(至少要比货物运到期限多3日)。

项目2 整车货物运输组织

表2-2 货 物 运 单
××铁路局
货 物 运 单
（整车、集装箱、批量、零散）

第×××××联

需求号:201708HY666660001

托运人	名称		发站（局）		专用线		经办人		货区		
	□上门取货	取货地址					手机号码		货位		
							联系电话		车种车号		
收货人	名称		到站（局）		专用线		经办人		取货里程（km）		标重（kg）
	□上门送货	送货地址					手机号码		运到期限		
							联系电话		施封号		
付费方式	□现金 □支票 □银行卡 □预付款 □汇总支付				领货方式	□电子领货 □纸质领货		箱号	篷布号		施封方
货物名称		件数	包装	货物价格（元）	重量（kg）	箱型种类	集装箱施封号		送货里程（km）		运价号
合计									装货方 承运人确定 重量（kg）	体积（m³）	
选择服务	□上门装车 □上门卸车 其他服务		□保价运输 □装载加固材料 □仓储 □冷藏（保温）			费目	金额（元）	税额（元）	费目	金额（元）	税额（元）
增值税发票类型 □普通票 □专用票	受票方名称： 纳税人识别号： 地址、电话： 开户行及账号：					费用合计			大写		
托运人记事：						承运人记事：	卸货时间 月 日 时 到站收费票据号码				
							通知时间 月 日 时 领货人身份证号码				
						货运员： 签章	车站日期戳：				
收货人签章：						车站接（交）货人签章：	制单人：		制单日期：		

以下为货物运单背面内容：

托运人须知

1. 托运人在铁路托运货物，在本单亲笔签字或盖章，即证明愿意遵守《中华人民共和国合同法》《中华人民共和国铁路法》《铁路安全管理条例》等法律法规，以及《铁路货物运输规程》等铁路规章的有关规定。

2. 托运人应签署《货物托运安全承诺书》，不得匿报、谎报货物品名，不得托运在所托运货物中夹带国家禁止运输的物品，不得在普通货物中夹带危险货物，不得在危险货物中夹带禁止配装的货物。

3. 托运人在本单所记载的货物名称、件数、价格、包装、重量等事项应与货物的实际完全相符，并对其真实性负责。

4. 货物的内容、品质和价格是托运人提供的，承运人在接收和承运货物时并未全部核对。

5. 托运人应妥善保管电子领货凭证，并及时将电子领货密码或领货凭证寄交收货人，收货人凭电子领货密码或领货凭证经到站验证后，在到站领取货物。

6. 托运人选择电子运输方式时，应在电子运单中正确填写收货人的经办人姓名、手机号码、身份证号码和电子领货密码。

7. 托运人选择保价运输时，应填写货物的实际价格，承运人对保价货物在运输过程中发生损失时，非保价运输，按规定的限额赔偿。

8. 本单托运人和承运人双方签字或盖章之时起生效。

9. 托运人应于本单于次月底前换开增值税发票。

收货人须知

1. 收货人应妥善保管电子领货密码或领货凭证，接到货物到达通知后，及时领取货物。

2. 收货人凭电子领货密码或领货凭证领取货物时，应同时出示身份证原件；委托他人领取货物时，收货人手机号码等委托信息，被委托人凭电子领货密码、被委托人身份证号码等委托信息，被委托人凭电子领货密码、被委托人身份证原件领取货物。

收货人凭领货凭证领取货物时，应同时出示身份证原件；委托他人领取货物时，除提供经办人身份证复印件、被委托人身份证原件和委托书外，还需提供加盖收货人为法人单位时，收货人单位公章的委托书。

3. 收货人应按规定支付相关费用。

4. 收货人接收货物时，发现货损货差应立即向承运人提出。

5. 货物交付完毕，双方之间合同关系即为履行完毕；此后发生问题，承运人不承担责任。

货物托运安全承诺书

根据《中华人民共和国铁路法》《铁路安全管理条例》，托运货物必须遵守国家关于禁止或者限制运输物品的规定；托运人托运货物中夹带危险货物，将依据《铁路安全管理条例》第九十六条规定，或在普通货物托运中夹带危险货物，托运人托运货物中夹带危险货物，将依据《中华人民共和国铁路法》第六十条规定，由铁路监督管理机构依据处罚，或造成重大事故的，依照刑法有关规定追究刑事责任。

本公司（本人）已阅知上述法律法规规定。承诺申报的货物运单物品名、货物流报或者匿报依据处置。与实际货物相符，没有匿报、错报货物品名，货物没有危险货物，没有国家法律法规及铁路部门禁止托运或混装的货物，违反此承诺造成的一切法律责任及后果由本公司（本人）承担。

托运人（盖章/签字）：　　　　　　年　月　日

(5)运单受理通过前对成组或整列运输的运单需求联进行标识。

(6)审核发到站办理限制和起重能力,专用线办理范围、危险货物办理限制、临时停限装限制、特定运输条件、接取送达等信息。

(7)选择添加承运人标准记事和运输戳记;填记装载加固方案号码、费用浮动项目号及相关记事。

2. 签证货物运单

经铁路相关部门审查,运单填写无误,符合运输要求,车站方可受理,签证货物并约定交接日期。

知识点4　进货、验收和保管

一、进货

车站凭进货通知、纸质运单需求联或需求号接收货物。在铁路货运站安全监控与管理系统(以下简称"货运站系统")分配货区货位。确认货物进齐。

接取货物。接取送达系统接收电商系统或零散快运系统推送的物流需求信息,铁路局组织物流企业上门接取货物,将货物接取至装车地点后,与车站交接货物,运单需求联状态变为"已接收"。

二、验收

车站接收托运人搬入车站的货物时,按运单需求联对货物品名、件数、运输包装、重量等进行检查,确认符合运输要求并同意货物进入场、库指定货位的作业,称为验收。

对于符合要求的货物,货运员应在运单上注明货物堆码货位的线路编号、货位号码和验收完毕日期并签字或盖章。

货物验收时,需要检查的内容主要有以下几项:

1. 货物名称、件数、重量是否与运单需求联相符

货物名称应与《铁路货物运输品名及检查表》中的货物名称一致。在运输过程中,保证货物重量和件数的完整是承运人必须履行的义务,因此铁路相关管理部门明确规定了货物件数和重量的范围。

(1)整车货物原则上按件数和重量承运。

(2)在货运作业过程中,点件费时费力的货物,则不计件数,只按重量承运。如:

①散堆装货物。

②成件货物规格相同(规格在3种以内视为相同),一批数量超过2000件。

③成件货物规格不同,一批数量超过1600件。

(3)有些货物价值较高,无论其规格是否相同,按一批托运时,每件平均重量在10kg以上的货物,只要托运人能按件点交给车站的,承运人都应按件数和重量承运。如:钟表、中西成药、纺织品、医疗器械、电视机、照相机等。

(4)铁路运输货物,除重量超过车站衡器最大称量的货物外,都由承运人确定重量。

2. 货物的状态是否良好

货物如有缺陷,但不影响货物安全,可由托运人在货物运单内具体注明后托运。

3. 货物的运输包装和标志是否符合规定

货物的运输包装是保证货物运输安全的主要条件,也是托运人应尽的义务之一。托运人托运货物时,应根据货物的性质、货物的重量、运输种类、气候及货车装载等条件,使用符合运输要求、便于装卸和能保证货物安全的运输包装。

托运的货物,应按国家包装标准或行业标准进行包装。若没有统一规定包装标准,车站应会同托运人研究制订货物运输包装暂行标准,并共同执行。对于需要试运的货物运输包装,除有特殊规定者外,车站可与托运人商定条件,组织试运。

货物的运输包装不符合运输要求时,应由托运人改善后方可承运。

某些货物由于其易碎、怕湿、怕热等性质,在运输和装卸搬运过程中需要特别注意,因此,在货物包装上要做好包装储运图示标志,如图2-2所示。

图2-2　包装储运图示标志

4. 货物标记(货签)是否齐全、正确

货物标记即货签(见图2-3),是一种指示标记,其记载内容必须与运单上记载的对应栏目相符。货签是保证货物正常运输的重要手段,是货物与运单相互联系的纽带,在运输过程中具有重要作用。

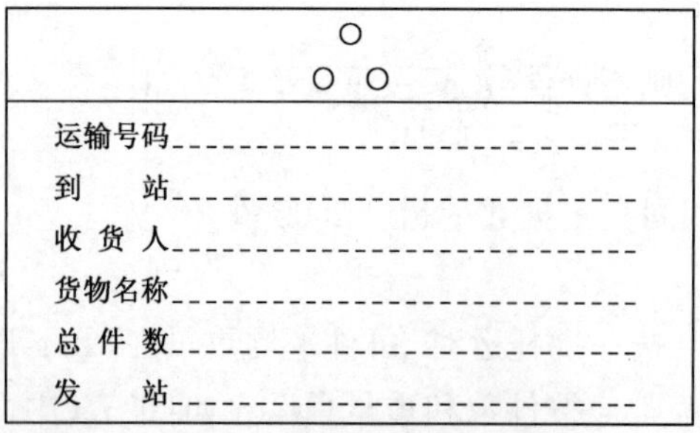

图2-3　货物标记(货签)式样

在制作货签时应采用坚韧材料,在每件货物两端各粘贴或钉固一个。如果货物包装不适宜粘贴或钉固,可用拴挂的办法。不适宜用纸质货签的货物,应使用油漆在货件上书写标记,或用木质材料、金属材料、塑料板、布等制成的货签作为标记。

托运行李、搬家货物时,除使用布质、木质、金属等材料的货签外,还应在货物包装内部放置标记,以防外部标签丢失。不得使用铅笔填写货签,货件上的旧标记应撤除或抹消。

5. 装载整车货物所需的货车装备物品或加固材料是否齐全

装载整车货物所需的货车装备物品或加固材料由托运人准备,并应在货物运单托运人记事栏内记明其名称和数量,在到站将其连同货物一并交付收货人。

三、保管

货物验收完毕,应在货场内存放,即货物的仓储保管。凡存放在装卸场所内的货物,应距离货场钢轨外侧 1.5m 以上,并应堆放整齐、稳固。整车货物可根据协议进行仓储保管。

1. 货物基本堆码标准

货物堆码的总指导原则:安全、经济、便利、整齐、文明。

(1) 一般货物基本堆码技术要求

稳固整齐、大不压小、重不压轻、箭头向上;卸车货物要好坏分码,确保破损货物不入垛。

(2) 怕湿货物基本堆码技术要求

露天堆码,上部起脊,下垫上盖。

(3) 装车货物基本堆码技术要求

距钢轨头部外侧不小于 2m。

(4) 卸车货物基本堆码技术要求

距钢轨头部外侧不小于 1.5m。

(5) 各种货垛基本堆码技术要求

距电源开关、消火栓不小于 2m。

(6) 站台上的货垛基本堆码技术要求

距站台边沿不小于 1m。

2. 货场内整车散堆货物堆码标准

(1) 煤、灰、砂、石、土类货物堆码技术要求

集中堆放,保持自然坡度,不同品种货物不掺不压。

(2) 砖、瓦堆码技术要求

定型堆码,稳固整齐,碎砖、瓦收拢成堆、不入垛。

(3) 木杆、毛竹等货物堆码技术要求

理顺不杂乱,不架空,集中垂直于线路堆码,需要平行于线路堆码的要打掩。

(4) 规格石料、条块类货物堆码技术要求

按自然规格堆码,成行成垛,稳固整齐。

3. 货场内整车包件货物堆码标准

(1) 袋装货物堆码技术要求

丁字起头,分行码放,边行袋口朝里,垛形整齐。

(2) 箱装货物堆码技术要求

分行码放,顶部压缝,垛形整齐,纸箱、液体货物封口向上,垛高不超过包装标志层高。

(3) 杂木杆等捆状货物堆码技术要求

集中顺码,货垛两头交叉码,垛形整齐。

(4) 棉花、布匹等包状货物堆码技术要求

丁字起头,分行码放,上部压缝,垛形整齐。

(5) 桶装货物堆码技术要求

纵横成行,重高压缝,分行码放,桶口向上。

(6) 空桶及桶状货物堆码技术要求

卧放时骑缝,两侧打掩,垂直于线路码放。

(7) 筐装蔬菜、瓜果堆码技术要求

底层立码成行,重高卧码骑缝;立码成行,重高压缝对中,筐盖向上;方筐分行码放,横竖对正,顶部压缝,筐盖向上。

(8) 罐、坛类货物堆码技术要求

双层立码,紧靠压缝,封口向上,稳固整齐;卧码时,底层排紧,两侧打掩重高骑缝,封口一致朝上。

(9) 裸体配件类货物堆码技术要求

分清品类,规格码放,便于清点,垛形稳固整齐。

(10) 各种零担货物堆码技术要求

标签向外,留有通道,按批码放,便于清点。

知识点 5 货物装车作业

装车是货物发送作业中十分重要的一个环节,货物运输质量的高低在很大程度上取决于装车作业的好坏。装车质量直接影响到货物安全、货物运输速度以及列车运行安全。因此,合理使用货车和装卸机械,合理组织劳动力,遵守装车作业规章制度和作业程序,对顺利完成装车作业具有重要意义。

一、合理调配使用货车

货车是铁路运输工具,对其使用是否正确,直接影响行车安全、货运质量、车辆完整以及车辆运用效率。合理调配使用货车的原则是:车种适合货种,标重配合货吨,载重大的货车装重质货物,载重力小的货车装轻浮货物。

(1) 承运人应按照运输合同约定的车种拨配适当的车辆。如无适当的货车用以拨配,在征得托运人同意、保证货物安全完整和装卸作业方便的情况下可以其他车辆代用。装车前应正确选择车辆,遵守货车使用限制表(见表2-4)及有关规定。未经铁路总公司或铁路局批准,对各类货车的使用不得超出货车的设计用途范围。

项目2 整车货物运输组织

货车使用限制表 表2-4

序号	货物名称	车种								备注
		棚车	敞车	底开门车	有端侧板平车	无端侧板平车	有端板无侧板平车	铁地板平车	共用车	
1	散装的煤、灰、焦炭、砂、石、土、矿石、砖	×				×	×		×	无端侧板平车或有端板（渡板）无侧板平车（共用车除外），在使用围挡并安有支柱时，可装运煤、灰、砂、石、土、砖
2	金属块			×		×	×		×	无端侧板平车或有端板（渡板）无侧板平车（共用车除外），在使用围挡并安有支柱时，可装运散装的金属块
3	空铁桶				×	×	×	×	×	应加固并外罩绳网
4	木材				×	×	×		×	原木不得使用棚车装运
5	超长货物	×	×	×						1t集装箱可装棚车
6	超限货物									
7	钢轨	×		×			×			
8	成组的机动车辆	×	×	×				×		成组的摩托车、手扶拖拉机及小型车辆可使用棚车，在到站有起重能力时，可使用敞车

注："×"表示不准使用的车种。

（2）承运人应拨配状态良好、清扫干净的货车装运货物。

（3）对于保密物资、涉外物资、精密仪器、展览品等货物，能用棚车装运的，必须使用棚车，不得用其他货车代替。

（4）对怕湿、易于被盗、易于丢失的货物，也应使用棚车装运。

（5）毒品专用车和危险品专用车不得用于装运普通货物。

二、装卸责任的划分

装卸车组织工作中，应根据装卸地点和货物性质来划分承运人、托运人、收货人的责任范围。

1. 由承运人负责组织

在车站公共装卸场所内(主要指铁路货场)进行的装卸作业,由承运人负责。在铁路货场装车时,货运人员在货运站系统中调取并核实电子运单需求联相关信息,选择车号,录入施封号、篷布号等信息。装车完毕后,电子运单需求联状态变更为"已装车"。

2. 由托运人或收货人负责组织

(1)须用罐车运输的货物。

(2)须冷冻的易腐货物。

(3)未装容器的活动物、蜜蜂、鱼苗等。

(4)1件重量超过1t的放射性同位素。

(5)用人力装卸带有动力的机械和车辆。

(6)在专用线和专用铁路装车的货物。车站应同各专用铁路、专用线负责人签订运输协议,商定货车交接地点、货车取送、货车装卸、货物和备品交接等有关事项,并报主管铁路局备案。

(7)托运人或收货人要求自己负责组织装卸车的货物,如放射性物品、尖端保密物资、特别贵重的工艺品、展览品等。由于货物性质特殊,经承运人同意后,可以按托运人或收货人的要求组织装卸车。

由托运人或收货人组织装卸车,车站应在货车调到之前,将货车调到时间通知托运人或收货人。托运人或收货人在装卸车作业完毕时,应将装车完毕时间和卸车完毕时间通知车站。托运人、收货人组织装卸车,超过规定的装卸车时间标准或规定的停留时间标准,承运人可按规定向托运人或收货人核收相应的货车延期占用费。地方铁路使用铁路车辆时,应按规定支付车辆使用费。

三、装车前的检查

为了使装车工作顺利进行,保证装车工作质量,货运员在装车前一定要做好"三检"工作。

1. 检查货物运单需求联

检查货物运单需求联的记载内容是否符合运输要求,有无漏填和误填。

2. 检查待装货物

按照货物运单记载的内容,认真核对待装货物的品名、件数,检查标志、标签和货物状态是否符合要求。

3. 检查货车

检查货车是否符合使用条件;货车车体、车门、车窗、盖、阀是否完整良好,车内是否干净,是否被毒物污染;货车定检是否过期,有无扣修通知、色票、货车洗刷回送标签或通行限制。货车检查时,如有不符合使用的情况,应采取适当措施,必要时可更换车辆。

发现货车损坏不能使用时,填制"不良货车通知单",递送车站签收并在铁路车站综合管理信息系统(简称"现车系统")标记"不良货车"标识;发现系统显示车号与实际不一致时,通知行车部门处理;发现空车带有电子票据的,由车站按票车不符流程处理;发现实际货物名称与运单需求联或物品清单记载不一致的,不得装车。

四、装车作业的要求

装车作业无论是由托运人组织还是由承运人组织,都必须巧装满载,以充分利用货车载重量和容积。特种货物的装车,应按有关规定严格进行货物检查、车辆检查、安全检查。

1. 对货物装载重量的要求

货物装载重量不得超过货车容许载重量。

货车容许载重量($P_容$)包括以下3部分:

$$P_容 = P_标 + P_特 + P_增 \tag{2-1}$$

(1)货车标记载重量($P_标$)。

(2)特殊情况下可以多装的货物($P_特$)。

由于货物包装、防护物重量影响净重,或由于机械装卸不易计算件数的货物,装车后减吨确有困难时也允许多装,但不得超过货车标记载重量的2%。

(3)货车的允许增载量($P_增$)。

根据现行规定,货车的允许增载量为:

①使用60t平车装运军运特殊货物,允许增载10%。

②国际联运的中、朝、越铁路货车(C_{70}型系列、C_{76}型系列、C_{80}型系列货车除外)允许增载5%。

③涂打有禁增标记的货车和规定不允许增载的货车,严格按照货车标记载重量装载,不准增载,如表2-5所示。

④增载货车车型、适装货物品类、最大允许增载量按《铁路货车增载暂行规定》执行,如表2-5、表2-6所示。

不允许增载的货车车型 表2-5

序号	车 种 车 型
1	企业自备车中标记载重60t级敞车外的其他车种车型
2	P_{62K}、P_{62T}、P_{70}型棚车
3	N_{17K}、N_{17AK}、N_{17AT}、N_{17GK}、N_{17GT}、N_{17T}型平车
4	罐车(G)、矿石车(K)、家畜车(J)、水泥车(U)、粮食车(L)、保温车(B)、集装箱车(X)、共用车(NX)、毒品车(W)、长大货物车(D)以及长钢轨运输车(T)
5	涂打有禁增标记的货车
6	C_{70}(含C_{70H}、C_{70A}、C_{70C}、C_{70E}、C_{70EH}、C_{70EF}、C_{70B}、C_{70BH})、C_{76}(含C_{76H}、C_{76A}、C_{76B}、C_{76C})、C_{80}(含C_{80H}、C_{80A}、C_{80AH}、C_{80B}、C_{80BH}、C_{80BF}、C_{80C}、C_{80CA})型货车

增载货车车型,适装货物品类及允许增载重量　　　　　　表 2-6

序号	增载货车车型	适于增载货物品类	最大允许增载
1	C_{62BK}、C_{62BT}、C_{64A}、C_{64H}、C_{64K}、C_{64T} 型敞车	煤、焦炭、铁矿石、其他金属矿石、生铁、硫铁矿、石灰石、铝矾土、石膏、磷矿石、泥土、砂、石料、灰渣等散堆装货物	3t
2	C_{62BK}、C_{62BT}、C_{64A}、C_{64H}、C_{64K}、C_{64T} 型敞车	除序号 1 所述品类外的其他适合敞车装运的货物	2t
3	C_{62AK}、C_{62AT} 型敞车	适合敞车装运的货物	2t
4	企业自备车中标记载重 60t 级敞车	煤	2t
5	P_{62NK}、P_{62NT}、P_{63}(含 P_{63K})、P_{64}(含 P_{64A}、P_{64AK}、P_{64AT}、P_{64GH}、P_{64GK}、P_{64GT}、P_{64K}、P_{64T})、P_{65}(含 P_{65S}) 型棚车	适合棚车装运的货物	1t(快速货物班列中 P_{65} 的装载重量按有关规定执行)

在允许增载规定范围内,货物重量超过标记载重量时,应按货物实际重量计算。

【例 2-1】 使用 60t P_{62N} 型(含 P_{62NK} 型和 P_{62NT} 型)棚车装载货物,其容许载重量有以下两种情况:

(1)装载特殊情况下可以多装的货物时,其容许载重量为:$60 + 60 \times 2\% + 1 = 62.2(t)$。

(2)装载其他货物时,其容许载重量为:$60 + 1 = 61(t)$。

【例 2-2】 使用 60t 禁增敞车装载货物时,其容许载重量有两种情况:

(1)装载特殊情况可以多装的货物时,其容许载重量为:$60 + 60 \times 2\% = 61.2(t)$;

(2)装载其他货物时,其容许载重量为 60t。

2. 对货物装载高度和宽度的要求

货物装载的高度和宽度,除超限货物和特定的货物外,均不得超过机车车辆限界或特定区段装载限界。

3. 车内货物堆码要求

(1)一般货物堆码技术要求

车内(或车门处)空隙较大时要阶梯码放;各种货物码放应做到不偏重、不集重、不超重。

(2)零散货物装车堆码技术要求

轻重配装,大小套装,挤紧码严,长大不堵门,笨重不上高。

(3)易磨损、污染货物堆码技术要求

易磨损货物要衬垫,易污染货物要隔离,流质、易磨损货物不与易窜动和有尖锐棱角货件码在一起。

(4)高出车帮的货物堆码技术要求

高出车帮的货物要分层压缝,稳固整齐;超出车帮时,两侧突出部分要一致,货物重心倾向车内,不超限。

4. 其他要求

(1)整车货物装载量超过货车的容许载重量时,承运人应向托运人补收运费。整车货物因车辆容积或载重量的限制,装车后有剩余货物时,车站应与托运人协商处理。

(2)货物应均匀摆放于车地板上,不超重、不偏载、不偏重、不集重,确保货物在运输中不发生移动、滚动、倒塌或坠落等。

(3) 使用敞车装载怕湿货物时,应将货物堆码成屋脊形,苫盖好篷布,并将绳索捆绑牢固。

(4) 使用棚车装载货物时,装在车门口的货物应与车门保持适当距离,防止货物挤住车门或湿损。

(5) 使用罐车装运货物时,应装到空气包底部,既不能超装也不能欠装。

(6) 用敞、平车装载需要加固的货物、轻浮货物、成件货物,已有定型方案的,必须按定型方案装载;无定型方案的,车站应会同托运人制订暂行方案或试运加固方案,报上级批准后组织试运。

(7) 铁路专用线(专用铁路)装运货物时,企业运输员可通过货运站系统、电商系统或手机APP,补充电子运单需求联上的车种车号、施封号、篷布号,核对重量、件数、物品清单、托运人记载事项等信息。专用线货运员在货运站系统内填记货车调入、装车开始、装车结束、调出时间以及货车状态、货物装载状态、货车篷布等内容,打印货车调送单。货运员按规定与企业运输员办理交接后,将电子运单需求联状态变更为"已装车"。

(8) 车站在货运站系统向铁路车站综合管理信息系统(简称"现车系统")推送车辆装车相关信息,将具备取车条件的电子运单信息状态变更为"可取车",并通知现车系统,现车系统自动获取电子运单信息。"可取车"的电子运单信息不能修改。

(9) 使用游车或共用游车装运货物时,在货运站系统中,将游车或共用游车标记为"游车"或"共用游车"。

(10) 整列装车时,可逐车或多车成批在货运站系统完成装车作业。未装车的日需求按落空处理,在其运单需求联中点击"取消整列装车"。

(11) 区间装车时,发站行车人员在现车系统其他记事栏标注"区间装车",将信息推送货运站系统;货运人员接到行车人员通知后,在货运站系统对标注"区间装车"的车辆进行装车作业,在电子货运票据管理系统(简称"货票系统")进行计费制单,行车人员在现车系统取票,删除现车其他记事栏"区间装车"标注。

(12) 机械冷藏等有工作车的成组货车装车作业时,将工作车车号填入承运人记事中(有主需求号的应填入主需求号对应的运单需求联中)。

(13) 铁路货物装车时,车站在货运站系统中录入装车作业信息及运单承运人填记信息。

五、货车施封和篷布的使用

1. **货车施封**

为保证货物安全和完整,便于交接和划分运输责任,对装车后的棚车和冷藏车的车门及罐车的注、排油口应采取施封措施。施封一般由托运人完成。托运人委托承运人代封时,托运人应在货物运单上注明"委托承运人施封"字样,由承运人代替托运人施封,并核收施封作业费。使用棚车、冷藏车、罐车、集装箱运输的货物,由组织装车或装箱单位负责在货车或集装箱上施封。派有押运人的货物、需要通风运输的货物以及组织装车单位认为不需施封的货物(集装箱运输的货物除外),可以不施封。

施封时应使用粗铁线将两侧车门上部门扣和门鼻拧固并剪断燕尾,在每个车门下部门扣处各施1枚施封锁(见图2-4)。施封后须对施封锁的锁闭状态进行检查,确认落锁有效,确认后不能拉开车门。施封的货车应在运单、票据封套和货车装载清单上注明施封号码。

a) 棚车锁

b) 罐车锁

c) 集装箱锁

图2-4 施封锁示意图

发现施封锁有下列情况时,按无效施封处理:

(1)钢丝绳断开后再接,重新使用。

(2)钢丝绳可以任意一端自由拔出;锁芯可以从锁套中拔出。

(3)锁套上无站名、号码;站名或号码不清、被破坏。

2. 篷布的使用

货车篷布是铁路货车的辅助工具,按产权分为铁路篷布和自备篷布。自备篷布是托运人自购自用的篷布。铁路篷布采用7位编号,第1位是该篷布投入使用的年份,后6位是顺序号;自备篷布采用9位编号,前4位是该篷布投入使用的年份,后5位是顺序号。篷布有X型和D型两种型号,D型篷布如图2-5所示。

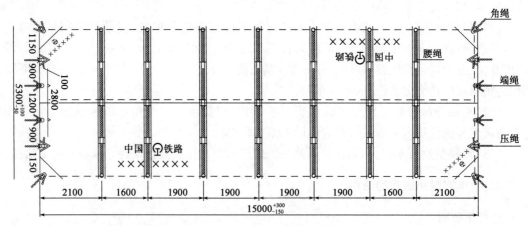

图2-5 D型篷布(尺寸单位:mm)

(1)篷布使用的基本条件

①篷布仅用于苫盖敞车装运的怕湿、易燃货物或其他需要苫盖篷布的货物。毒害品、腐蚀性物品及污染性物品不得使用铁路篷布苫盖。苫盖易于损坏篷布的货物时,装车单位必须采取防护措施,防护材料由托运人提供。

②铁路篷布不得外借或挪作他用。发现将铁路篷布挪作他用的行为时应立即纠正,并按规定核收篷布延期使用费。托运人在铁路篷布不能满足其货物运输需求时,可购置自备

篷布。自备篷布不得出租经营。

③装车使用的篷布必须质量良好,篷布绳齐全,标记、号码完整清晰。篷布不得横苫、垫车、苫在车内,不得代替装载加固材料。铁路篷布不得与自备篷布混苫。

④专用铁路、铁路专用线运输协议应包含铁路篷布交接、使用、保管、回送、延期使用费核收、损坏丢失赔偿等内容。已运达专用铁路或专用线的铁路篷布,自货车调到交接地点次日起,2日内由收货人将铁路篷布送到车站指定地点。收货人未按规定日期将铁路篷布送回时,应按规定核收铁路篷布延期使用费。

铁路货车篷布作业质量标准见附录中的附表2。

(2)篷布使用的注意事项

①发站使用篷布前,应逐张检查质量。使用铁路篷布时,应将篷布号码填记在货物运单"篷布号"栏内;使用自备篷布时,应在货物运单"篷布号"栏内画"○"符号,并检查托运人是否在货物运单"托运人记事"栏内注明"自备篷布××张"和篷布号码。

②托运人组织装车,使用铁路货车篷布时,应核收货车篷布使用费,并对篷布的完整状态进行检查,保证篷布良好。使用自备篷布时,应在货物运单"托运人记事"栏内记明"自备篷布××张"。

③专用铁路、铁路专用线使用铁路篷布时,由托运人凭"货车篷布交接单"(见表2-7)到车站领取篷布。制票时,应根据货物运单将铁路篷布号码填在货运票据封套"篷布号码"栏内;自备篷布张数和号码应填记在"记事"栏内。

货车篷布交接单　　　　　　　　　　　表2-7

年　　月　　日

顺号	篷布号码	时间	车种车号	用别	发(到)站	质量状况	记事
1							
2							
3							
4							
5							
6							

交方单位(章):　　　　　　　　　　　接方单位(章):
经办人(签字):　　　　　　　　　　　经办人(签字):

④对运输途中的货车,车站认为需要苫盖篷布时,必须经铁路局篷布调度人员批准。苫盖后,在货物运单、货运票据封套上做相应修改,同时编制电子普通记录通知到站及有关单位。

⑤卸车时,应检查铁路篷布质量;卸车后,将铁路篷布送到车站指定地点。车站经检查发现铁路篷布破损、缺少篷布绳时,应将具体情况填入"货车篷布交接单"中,按《铁路篷布损坏丢失处理办法》处理。

⑥铁路篷布要存放于固定地点,按规定折叠,妥善保管,进行日常整理和晾晒,在用、待修、待报废篷布应分别码放。

(3) 篷布回送

铁路篷布凭调度命令回送。回送篷布时，要填写篷布交接单。车站填制"特殊货车及运送用具回送清单"（见表2-8），回送清单一车一单，发到站打印留存。到站调取电子回送清单，录入到达时间和经办人姓名后打印留存。

特殊货车及运送用具回送清单　　　　　　表2-8

发站		到站(局)		发送日期		回送命令号码	
车种车号		施封号码		到达日期		回送种类	
回送的货车或运送用具				附注			
种类	号码	数量	重量(kg)				

发站经办人：　　　　　　　　　　　　　　　　　　　到站经办人：

注：1. 本清单一车一单，发到站打印留存。
  2. 各栏要填写准确。对于按调度命令回送的，应将命令号码记入"回送命令"栏内。
  3. 回送集装箱时，"回送种类"栏填记集装箱，"种类"栏填记箱型箱类，"号码"栏填记箱号。
  4. 回送篷布时，"回送种类"栏填记篷布，"数量"栏填记回送张数，"种类""号码"栏不填记。
  5. 回送空罐车时，"回送种类"栏填记"Q"（轻油）、"L"（黏油），车体上的油种涂有代用字样时，按所代用的油种填记，"种类""号码""数量"栏不填记。
  6. "重量"栏按照《铁路货车统计规则》规定填记。

六、货运票据封套

铁路货物装车时，车站在货运站系统中调取并核实运单需求联相关信息，选择车号，录入施封号、篷布号等信息。

为便于交接和保持运输票据的完整，下列货物的运输票据应使用货运票据封套（见表2-9），封固后随车递送。

货运票据封套　　　　　　表2-9

货运票据封套
车种车号＿＿＿＿＿＿＿＿＿＿标记载重量＿＿＿＿＿＿＿＿＿＿
货物到站＿＿＿＿＿＿＿＿到局＿＿＿＿＿篷布号码＿＿＿＿＿＿
运单号码＿＿＿＿＿＿＿＿＿＿＿＿＿＿＿＿＿＿＿＿＿＿＿＿＿
货物品名＿＿＿＿＿＿＿＿＿＿货物实际重量＿＿＿＿＿＿＿＿＿
收货人及卸车地点＿＿＿＿＿＿＿＿＿＿＿＿＿＿＿＿＿＿＿＿＿
施封号码＿＿＿＿＿＿＿＿＿＿＿＿＿＿＿＿＿＿＿＿＿＿＿＿＿
记 录＿＿＿＿＿＿＿＿＿＿＿＿＿＿＿＿＿＿＿＿＿＿
发站戳记
经办人章

(1)国际联运货物和以车辆寄送单回送的外国铁路货车。
(2)一辆货车内装有两批以上货物。
(3)整车分卸货物。
(4)根据货运记录补送的货物。
(5)附有证明文件或代递单据较多的货物。

封套封面上各栏应根据实际情况填记并加盖车站日期戳记、带站名的经办人名章和监封人员名章。封套内运输票据的正确完整由封固单位负责。货运票据封套封口前,经办人、监封人必须同时对票据封套记载的事项和实际运单进行核对,保证运输票据齐全。除卸车站或出口国境站外,其他单位和个人不得拆开封套。当运输途中发生特殊情况必须拆开封套时,由负责拆封套的单位编制普通记录证明(附入封套内),并再行封固,在封口处加盖带有单位名称的经办人名章。

七、货车表示牌

货车表示牌(见图2-6)是给车站调车人员起提示作用的,以防发生事故。按规定需要"禁止溜放"或"限速连挂"的货车,装车站应在其两侧插挂货车表示牌,由到站卸车完毕后撤除。

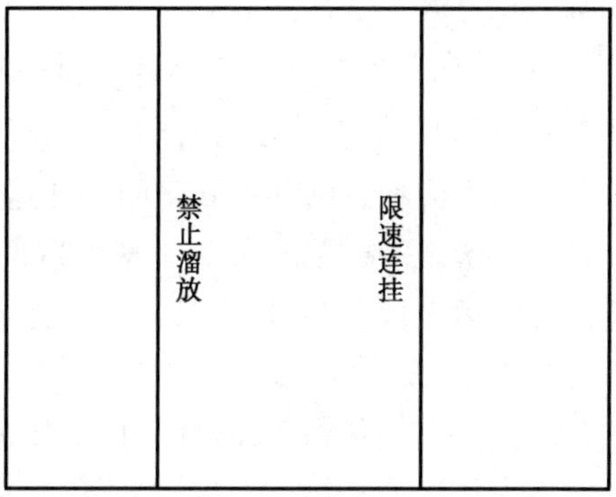

八、装车后的检查

图2-6 货车表示牌

为了保证正确运送货物和行车安全,监装货运员需进行装车后的"三检",具体包括:

1. 检查车辆装载

检查有无超重、偏重、超限现象;货物装载是否稳妥、捆绑是否牢固、施封是否符合要求、货车表示牌插挂是否正确;对敞车,要检查车门插销、底开门搭扣、篷布苫盖和捆绑等情况;对超长、超限、集重货物,检查是否按规定的装载加固方案进行装载加固,超限货物还须根据装载方案测量装车后的尺寸。

根据超偏载检测装置检测结果,对严重的超偏载货车,应通知货检和列检人员联合检查,车辆技术状态正常不危及行车安全的,要作出记录,重点监控运行;危及行车安全的,须立即扣车,换装整理后,方能挂运。

2. 检查电子运单需求联

车站在货票系统中核对"已装车"的整车运单有无漏填和误填,车种、车号和货票系统中的运单、货运票据封套记载是否与实际情况一致。

计费承运前,如果发现货车运单承运人填记信息不准确、不完整,应在货运站系统进行取消操作,重新进行装车作业。

3. 检查货位

检查货位有无误装或漏装。装车后,实际货物件数、重量与运单需求联或物品清单记载不一致时,按实际装车的货物件数、重量修改运单需求联和物品清单。

超限超重货物运输,发站在货运站系统编制超限超重货物运输记录后,进行打印、签认留存。装车完毕后,运单状态变为"已装车"。

知识点6 制票、承运和押运

一、制票和承运

1. 制票

车站在货票系统中核对"已装车"的整车运单,录入承运人记事,计算运输费用,打印运单发站存查联、托运人存查联、收款人报告联、领货凭证联(客户需纸质领货凭证时),作为运输合同正本和副本。发站存查联、托运人存查联、纸质领货凭证背面应有托运人、收货人须知及货物托运安全承诺书。实行运输跟踪管理的剧毒品使用黄色纸张打印运单。运单状态变为"已制票"。

"已制票"的运单,如发现计费错误等,不得修改,只能作废并重新计费后打印。遇故障需重新打印时,重新计费后打印。作废的运单,应将已打印的联次作废。

托运人应在发站存查联正面的托运人签章处及背面的"货物托运安全承诺书"处签章,车站在打印出的运单各联上加盖车站日期戳。发站留存发站存查联,托运人存查联和领货凭证交托运人,收款人报告联上报铁路局。

2. 承运

承运人根据货物运输合同,接受托运人委托运送货物的行为,即为承运。承运表示铁路对托运人托运的货物承担运输义务,并承担责任。

承运中有物品清单的,车站打印物品清单一式二份,一份由车站交托运人签章后与运单发站存查联合订留存,一份交托运人。

现车系统接到货运站系统推送的"可取车"信息后,车站组织取车作业。根据货运、车辆等部门送车需求,编制作业计划。

二、货物的押运

铁路货物运输途中,承运人应对所承运的货物进行照看与防护,以保证货物状态完整,这是货物运输合同中规定的一项重要义务。但是,有些货物的性质特殊,在运输过程中需要加以特殊防护和照料,因而需要派押运人押运。须派人押运的情况有下列几种:

(1)活动物(包括鱼苗、活鱼、蜜蜂、家畜等),需要派专门人员供应饮水和照料。

(2)需要浇水的鲜活植物,需要专门人员根据气温条件,定时、定量地浇水和照管。

(3)需要生火加温的货物,需要有人照看火炉,适时调节车内温度、湿度。

(4)挂运的机车和轨道起重机,这类货物需要专人在途中检查和看管零件、备品。

(5)有特殊规定应派押运人的货物,如军火、尖端保密物资、《铁路危险货物运输管理规则》规定需要押运的危险货物、外形尺寸比较复杂的超限货物。

押运人数,除特定者外,每一批货物不应超过2人。托运人要求增派押运人,或对上述货物以外的其他货物要求派押运人时,须承运人同意。

托运人派押运人押运货物时,托运人须在货物运单内注明押运人姓名和证明文件名称及文件号码,货物运单经发站审核后发给押运人。承运人对押运人核收乘车费。

押运人应乘坐所押运的货车,如该货车不适合乘坐,可乘坐列车长、站长指定的车辆。

任务3　整车货物途中作业认知

在货物运输途中发生的各项货运作业,统称为途中作业。

货物的途中作业形式包括"货运检查、交接""特殊作业""异常情况的处理"。

"货运检查、交接"是在货物运输途中必须进行的正常作业。

"特殊作业"包括整车分卸货物在分卸站的分卸作业、活动物途中上水、托运人或收货人提出的货物运输变更和解除的处理等。

"异常情况的处理"是指货车运行有碍运输安全或货物完整时须做出的处理,如货车装载偏重、超载或货物装载移位时须进行的换装或整理,以及对运输阻碍的处理。

知识点7　货　运　检　查

一、货运检查站

货运检查站是列车途经有技术作业或无技术作业但停车时间在35min以上的技术作业站。铁路货运检查实行区段负责制,即在对货运列车交接检查中,按列车运行区段划分货运检查责任的制度。

货运检查站分为路网性货运检查站和区域性货运检查站。路网性货运检查站是铁路总公司公布的编组站。区域性货运检查站是指除了路网性货运检查站外,铁路局管内进行货运检查作业的技术作业站。区域性货运检查站由铁路局自定,报铁路总公司备案、公布。

货运检查站应设有货运检查员岗位,负责货运检查的现场组织工作,并按照每列车双人双面检查作业的要求配齐货运检查员。货运检查站应有货运检查工作日志、收发文件电报登记簿、普通记录和施封锁的发放、使用和销号登记簿、换装整理登记簿、加固材料使用登记簿、交接班簿等报表和台账。

二、货运检查的内容

1. 检查篷布苫盖

检查篷布苫盖是否符合规定。

2. 检查装载加固

(1)货物是否倾斜、窜动、移位、坠落、倒塌和渗漏。

(2)货车是否超载、偏载。

(3)加固的材料和装置是否完好无损。

(4)货物超限装载和特定区段装载限界是否符合有关规定。

(5)加固用的绳索、铁线捆绑拴结是否符合规定。

3. 检查货车门、窗、盖、阀和集装箱

(1)货车门、窗、盖、阀是否关闭好。

(2)使用平车(含专用平车)装载集装箱时,集装箱箱门是否关闭好。

(3)使用专用平车装载时,集装箱是否落槽;使用普通平车装载时,集装箱是否已按加固方案进行加固。

4. 检查施封及其他

(1)施封货车时应按《铁路货物运输管理规则》(以下简称《管规》)和有关规定进行检查。

(2)对无列检作业的车站,货运检查人员还应检查自动制动机的空重位置,不符合要求时应进行调整。

(3)规定需要检查的其他项目。

三、货运检查程序

货运检查的基本程序为计划安排和准备、到达列车的预检、检查、整理。

1. 计划安排和准备

车站调度员(值班员)应及时将班计划、阶段计划、变更计划下达给货运检查员。

车站调度员(值班员)或有关人员应在列车到达前或出发前将列车编组完毕,按接发列车作业标准,将到发车次、股道、时刻、编组等有关信息通知货运检查员。

货运检查员在接到作业任务后,应掌握到发列车车次、股道、时刻、编组内容及施封、重点车等相关信息。货运检查员在作业时,应携带作业工具和作业手册。

2. 到达列车预检

在列车到达前5min,货运检查员应出场立岗,在列车到达、通过时,对列车进行目测预检。

3. 检查

(1)两侧货运检查员应从车列的一端同步逐车进行检查,对重点车进行记录。

(2)货运检查员对车列首尾的车辆,应涂打检查标记。

(3)车列检查、整理应在规定的技术作业时间内完成。

(4)车列检查、整理完毕后,货运检查员应及时报告。

(5)在实行区段负责制的区段,货运检查员发现的问题,应及时妥善处理。须拍发电报时,应于列车到达后120min内以电报通知上一货运检查站,必要时将电报抄送至有关单位和部门。须编制记录的,按规定编制记录。

4. 整理

货车整理分为摘车整理和在列整理。

货车整理作业应在规定的技术作业时间内完成,货运检查员在列整理完毕后及时向车站调度员报告,未接到车整理作业完毕的报告,不准动车。

(1)在列整理

在列整理指对发生装载加固、篷布苫盖、门窗盖阀等问题但不需要摘车处理时,应在设置好防护后,由货运检查员和整理工共同对车列内须整理的货车进行整理。

在列整理时,货运检查员应按有关规定进行作业,确保人身安全。预计整理时间超过技术作业时间时,货运检查员应及时向车站值班员报告。

(2)摘车整理

摘车整理指对危及行车安全,又不能在列整理的车辆,货运检查员应报告车站值班员,进行摘车整理。摘车整理时,应做好防护工作,不允许在挂有接触网的线路内(设有隔离开关的线路除外)整理车辆。

摘车整理的范围如下:

①篷布苫盖不整或缺少腰绳。
②货物发生严重倾斜、偏载、移位、窜动、坠落、倒塌、渗漏。
③超限货物按普通货物办理。
④加固支柱折断。
⑤棚车车门脱槽,油罐车上盖张开。
⑥液化气体泄露,三酸罐车溢出。
⑦火灾。
⑧货物明显被盗或丢失。
⑨发生其他危及行车安全情况,不能在列整理时。

四、途中扣车整理、票车不符和换装

1. 扣车整理

货运检查发现问题时,应及时处理。在装车站或在其他站进行的扣车整理有所不同,扣车整理的作业内容包括由交方编制记录、补封、处理后继续运输、车站换装或整理、苫盖篷布、拍发电报等。

在运输中,进行过摘车整理的货车,不能原列继续运行的,或因车辆技术状态不良,经车辆部门扣留需要换车时,应进行换装整理。

处理站(扣车站或其他车站)从货检或货运站系统调取电子运单,编制普通记录,将车辆状态变更为"待整理换装"。处理站整理或换装后,在货运站系统编制普通记录,修改电子运单车种车号、施封号码、篷布号码等信息,将车辆状态变更为"已整理换装"。

一车货物换装多车时(准、米轨换装除外),在货运站系统编制普通记录,填记换装后的车号,分车记明货物重量。

整列一票运输的货物发生扣车时,处理站按规定在货运站系统、货检系统、现车系统编制普通记录,对应运单的作业信息按实际车辆情况进行修改。

整列一票货物到站交付时,打印货物运单到站存查联、收货人存查联,办理交付手续。如实际到达车数与货物运单记载车数不符,到站打印所扣车辆的普通记录,先按照货物运单收取相应费用办理整列交付,再重新打印领货凭证,在承运人记事栏记明未到达车辆的车号,加盖车站日期戳交收货人。待剩余车辆到达后,通知收货人凭记载未到达车辆车号的领货凭证办理交付,相关杂费多退少补。

2. 票车不符

(1)空车有票

空车有重车票据信息,发现站扣车后在铁路货运票据综合应用管理系统录入空车有票信息,编制普通记录,联系票据记载到站、发站进行核对。

经到站确认为已卸空车,到站在货运站系统做卸车补录,电子票据信息车号置空,发现站在现车系统重新取票并按空车组织挂运。到站确认货物未到时,联系票据记载发站进行核对。

经发站确认为漏装的,调配空车,进行漏装货物补装作业,并在铁路货运票据综合应用管理系统编制普通记录,修改票据车号信息,解绑置空有票的空车。发现站在现车系统重新取票并按空车组织挂运。发站在现车系统取票并确认后,票据捆绑到新车号上。

确认为错装的,发站应追查运单记载的货物实际位置,通知重车所在车站扣车,并根据重车所在车站反馈的信息,在铁路货运票据综合应用管理系统编制普通记录,修改运单车号信息,解绑置空有票的空车。发现站在现车系统重新取票并确认后按空车组织挂运。重车所在站在现车系统重新取票并组织错装车辆挂运。经发站确认未对该车进行装车作业的,联系信息部门查明原因后处理。

(2)重车无票

发现重车无票据信息时,发现站扣车调查,并在铁路货运票据综合应用管理系统编制普通记录。确认为重车空排的,发现站在保价系统编制货运记录回送;确认为发站错装的,联系发站处理。

3. 换装

进行换装时,应选用与原车类型和标记载重相同的货车,对因换装整理卸下的部分货物,应及时补送。换装整理的时间不应超过2日,如2日内未整理完毕,应由换装站以电报通知到站,以便收货人查询。

换装责任属于铁路时,换装整理的费用由铁路内部清算;属于托运人责任的,应由到站向收货人核收。

知识点8 货运交接

一、列车交接

运输票据由编组列车的车站封固并与机车乘务组进行封票签字交接。在车站更换机车时,由更换地所在车站检查封固状态,并负责传递。机车乘务人员负责将票据完整地传递到列车终到站、甩挂作业站,并与车站办理票据签字交接,没有车站签字不得退勤。若票据丢失,追究当事人责任;途中临时甩挂车作业时,由车站编制普通记录并启封处理,并将运输票据连同普通记录重新封固。

车站与机车乘务员应在商定地点进行地面交接。

列车货物检查、交接的内容和发现问题的处理方法,按表2-10中的规定办理。

列车货物检查、交接的内容和发现问题时的处理方法　　表2-10

顺号	检查内容	发现的问题	处 理 方 法
1	运输票据或封套	(1)有票无货(车)或有货(车)无票	编制记录并拍发电报
		(2)货物运单或封套上记载的车号、到站与编组顺序表不符	
		(3)货物运单或封套上记载的车号、到站有涂改,未加盖所属单位的经办人名章时	
		(4)货物运单或封套上记载的车号与现车不符	编制记录并拍发电报,查明情况后继运

续上表

顺号	检查内容	发现的问题	处 理 方 法
1	运输票据或封套	(5)货物运单或封套上封印站名或号码被划掉、涂改、未按规定盖章	编制记录并拍发电报证明现状后继运。货车上无封印时,由发现站确定是否补封
		(6)货物运单或封套以及编组顺序表上记有铁路篷布,现车未盖有铁路篷布;现车盖有铁路篷布,货物运单或封套以及编组顺序表未记载,或记载张数与实际不符	编制记录并拍发电报
2	货车的施封	(1)封印失效、丢失、断开或不破坏封印即能开启车门	拍发电报并补封。是否清点货件由发现站确定
		(2)运输票据或封套上记载的封印站名或号码与现封不一致或被涂改	核对站名,拍发电报。到站检查、核对站名、号码
		(3)货车已施封,但未在运输票据或封套上记明封印号码、编组顺序表无"F"字样	编制记录证明现状后继运
		(4)未使用施封锁施封(罐车和朝鲜进口货车除外)	拍发电报并补施封锁
		(5)在同一车门上使用2个以上封串联施封	拍发电报并补封,如因车门技术状态不良无法补封,以交方责任继运
		(6)在货车两侧或车门上部门扣施封	按现状拍发电报
		(7)施封货车的上部门扣未用铁线拧固(车门构造只有1个门扣或上部门扣损坏的除外)	由发现站拧固
3	装有货物的货车	(1)车门窗未按规定关闭(损坏的车窗已用木板、铁箱、木箱封固的除外)	由发现站关闭并拍发电报
		(2)货物损坏、被盗	拍发电报、编制记录并进行处理
		(3)棚车车体、平车及集装箱专用平车装运的集装箱箱体的可见部位损坏或集装箱箱门开启	拍发电报,并由车站关好
		(4)易燃货物未按规定苫盖篷布或未采取规定的防护措施	拍发电报,编制记录补苫篷布并采取防护措施
		(5)篷布(包括自备篷布)苫盖捆绑不牢、易被刮掉或被割,危及运输安全	及时进行整理。丢失或补苫篷布时由发现站拍发电报并编制记录
		(6)货物装载有异状或超过货车装载限界;支柱、铁线、绳索被折断或松动;货物有坠落可能;车门插销不严,危及运输安全;底开门车用一个扣铁关闭底开门(如所装货物能搭在底板横梁上,且另一个搭扣用铁线捆牢者除外)	由发现站按规定换装或整理并拍发电报
		(7)超限货物无调度命令	取得调度命令后继运

续上表

顺号	检查内容	发现的问题	处理方法
4	货车使用和通行限制	(1)货车违反运行区段的通行限制	拍发电报,并由车站换装适当货车
		(2)装载金属块、长度不足2.5m的短木材或空铁桶使用的车种违反《铁路货物装载加固规则》(以下简称《加规》)货车使用限制表的规定	拍发电报,并由车站换装适当货车

二、交接检查的规定

罐车的封印、苫盖货物的篷布顶部、敞车装载的不超出端侧板货物的装载状态,在途中没有交接检查,如接车方发现异状,由发站拍发电报。如果发现重罐车开启,车站负责关好,并由交方编制普通记录。在发站和中途站发现空罐车上盖张开,要将上盖及时关闭。

整车货物变更到站时,处理站应对该车的装载加固情况进行检查,对施封货车应检查施封是否完好,站名、号码是否与票据相符。

货物运单和封套上的到站、车号、封印号码各栏,不得任意涂改。货物在运输途中,由于货物本身、车辆技术状态或自然灾害等原因,发生货车滞留,若站滞留时间达到48h,应拍发电报,通知发到站,必要时要抄送有关铁路局。

货物列车无改编作业时,货运检查站根据列车编组顺序表的有关记载,检查施封是否有效,不核对站名、号码。

货物列车有改编作业时,货运检查站对货车的施封状态,只核对站名,不核对号码。

知识点9　异常情况处理

一、取消托运和货物运输变更

托运人由于特殊原因,对其承运的货物提出取消托运或变更到站、收货人要求时,应在车站通过货票系统办理相关手续,如填写货物运输变更要求书(见表2-11)。

1. 取消托运

对托运人提出的取消托运需求,货场装车时,发站确认货车在本站,通知行车人员后,方可受理;专用线装车时,路企交接前可受理,路企交接后不受理。受理时应审核并收回运单托运人存查联、领货凭证;办理电子领货的托运,验证领货密码,打印领货凭证。

对已受理的取消托运需求,发站货运人员通知行车人员将货车调回货场,并在货票系统完成取消托运操作。核收相关费用后,运单需求单按"已装车"状态回退到货运站系统,在货运站系统进行取消装车操作。

2. 货物运输变更

托运人在货物托运后,由于特殊原因需要变更的,经承运人同意,对托运的货物可以按

货物运输变更要求书

表2-11

变更要求人_____ 印章_____ 经办人身份信息_____ 经办人_____ 年 月 日

	变更事项	新到站	发站	到站	收货人	办理种别
客户填记	原货物运单记载事项	运单号码			托运人	
		车种车号	货物名称		件数	重量
						承运日期
		变更原因				
承运人填记	记载事项	原到站			原收货人	
		新到站			新收货人	
		未受理原因		变更处理站		经办人

注:1. 变更处理站应按顺号登记,对填报内容进行审核。
2. 变更时,可以变更的填记"新到站""新收货人",不能办理变更的填记"未受理原因"。

批在货物所在的途中站或到站办理到站和收货人变更。货物运输合同的变更会降低货物计划运输质量、增加作业费用、延缓货物的送达,因此,铁路对货物运输合同的变更,应采取限制措施。

途中站或到站仅受理托运人提出的货物运输变更需求。变更处理站应审核运单托运人存查联、领货凭证、货物运输变更要求书;电子领货的托运,验证领货密码,打印领货凭证。

遇特殊情况须变更卸车站时必须遵守的规定:
(1)必须由托运人或收货人提出书面申请。
(2)必须和原到站在同一径路上。
(3)因自然灾害影响变更卸车地点时,应及时通知收货人。
(4)局管内变更卸车站,处理站应报铁路局同意后方可受理。
(5)跨铁路局变更卸车站,原则上不办理,确须变更时以铁路总公司调度命令批准。

变更到站时,处理站应报铁路局同意后方可受理,在货票系统中录入货物运输变更要求书,收取变更手续费,运单状态变为"变更完成",并在纸质运单托运人存查联、领货凭证上修改相关信息,加盖车站日期戳或带有站名的人名章后交托运人。

电子领货的,向托运人申明,原领货密码失效,凭变更后的纸质领货凭证领货。

铁路不办理货物运输合同变更的情况,包括:
(1)违反国家法律、行政法规、物资流向、运输限制、封印的变更。
(2)变更后货物运到期限大于容许运输期限的变更。
(3)变更一批货物中的一部分。
(4)二次变更到站。

3.调卸调度命令

遇自然灾害、运输阻碍、到达积压等特殊情况,经调度、货运、运输等部门与托运人、收货人协商后,由铁路局向办理站下达调卸调度命令。车站接收调卸调度命令后,在货运站系统中通过股道现车、车次或手工录入车号查看调卸车辆信息,录入调度命令等调卸信息,生成调卸作业单和新的运单或装载清单作业信息。

新到站根据新的运单或装载清单作业信息在货运站系统完成卸车操作,并通过货票系统打印运单到站存查联、收货人存查联、调卸作业单,办理交付手续。

二、运输阻碍的处理

1.运输阻碍

因不可抗力导致行车中断的现象,称为运输阻碍。不可抗力是指不能预见、不能避免并不能克服的客观情况。

2.运输阻碍的处理

铁路货物运输发生运输阻碍时的处理方法包括:
(1)铁路局对已承运的货物,可指示绕路运输。
(2)在必要时,先将货物卸下,妥善保管,待恢复运输时再装车继运,所须装卸费用由装卸作业的铁路局承担。

(3)因货物性质比较特殊(如动物死亡、易腐货物腐烂、危险货物发生燃烧、爆炸等),绕路运输或卸下再装造成货物损失时,车站应联系托运人或收货人在要求的时间内提出处理办法。超过要求时间未接到答复或因等候答复造成货物损失时,参照无法交付货物时的相关办法进行处理,通知托运人领取剩余价款(缴纳装卸、保管、运输、清扫、洗刷除污费后)。

任务4 整车货物到达作业认知

货物在到站进行的各种货运作业,称为到达作业。货物经过到达作业后,货物运输技术作业过程结束,运输合同即告终止。

知识点10 到达作业程序

整车货物到达作业程序如图2-7所示。

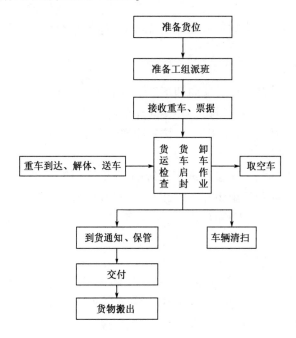

图2-7 整车货物到达作业程序

知识点11 卸 车 作 业

一、重车到达和票据交接

重车到达后,车站应派人接收。车站接收列车确报(列车编组顺序表),与机车司机办理列车纸质票据(含列车编组顺序表)的交接签认。依据列车确报核对现车、纸质票据,发现信息与实际不符时,以纸质票据为准进行订正,并在现车系统中进行列车到达处理。

二、卸车作业

卸车是到站工作组织的关键,是整个运输过程的重要环节之一。正确、及时地组织卸车作业,能够缩短货车周转时间,提高货车使用率,保证排空任务和装车的空车来源。

车站必须认真贯彻"一卸、二排、三装"的运输组织原则,认真做好卸车工作。

1. 卸车前的检查工作

为使卸车作业顺利进行,防止误卸并确认货物在运输过程中的完整状态,便于责任的划分,卸车货运员应在卸车前做好以下检查工作:

(1)检查货位

检查货运站系统中显示的货位能否容纳待卸的货物;货位的清洁状态;相邻货位上的货物与卸下货物性质上有无抵触。

(2)检查运输票据

检查电子运单上填写的到站与货物实际到站是否一致,了解待卸货物的情况。

(3)检查现车

检查车辆状态是否良好、货物装载状态有无异状、施封是否良好、现车与电子运单信息是否相符。

2. 监卸工作及卸车作业

卸车作业开始前,监装卸货运员应向卸车工组详细传达卸车要求和注意事项。卸车时,监装卸货运员应对施封的货车亲自拆封,并会同卸车货运员一起开启车门或取下苫盖篷布,要逐批核对货物、清点件数,合理使用货位,按货物堆码标准进行码放。

(1)铁路货运场站卸车

在铁路货运场站卸车时,车站接收现车系统的到达重车信息,调取运单信息,在货运站系统指定股道货位,接车对位后组织卸车。卸车完毕后电子运单状态变为"已卸车"。卸车时发现货物损失或与运单信息不符时,应在货运站系统后三检中编制货物损失报告并打印。

(2)专用线卸车

在专用线卸车时,车站接收现车系统的到达重车信息,在货运站系统指定专用线股道并向现车系统推送需求,路企交接后,企业运输员组织卸车,并通过系统补充卸车信息。专用线货运员在货运站系统填记货车调到、卸车开始、卸车结束、调回时间以及货车状态、货车篷布等内容,打印货车调送单。专用线卸车完毕,路企交接后,电子运单状态变为"已卸车"。

(3)区间卸车

区间卸车时,车站在现车系统其他记事栏内标记"区间卸车",现车系统将标识信息反馈至货运站系统,运单记载的到站货运人员根据车务人员提供的车号、出站、到站等信息,在货运站系统中及时进行卸车操作。

3. 卸车后的检查工作

(1)检查运输票据

检查货运站系统指定的货位与实际堆放货位是否一致。

(2)检查货物

检查货物件数与电子运单中记载的件数是否一致,货物堆码是否符合要求,卸后货物安全距离是否符合规定。

(3) 检查卸后空车

检查车内货物是否卸净,车内是否清扫干净;车门、窗、端侧板是否关闭严密;货车表示牌是否已被撤除。

4. 货车的清扫、洗刷和除污

货车卸空后,负责卸车的单位应将货车清扫干净,关闭好车门、窗、端侧板、盖、阀。

下列货物除清扫干净外,铁路部门还要负责洗刷、除污,并向收货人核收费用。

(1) 装运过活动物、鲜鱼的车辆,以及受易腐货物污染的冷藏车。

(2)《铁路危险货物运输管理规则》规定必须洗刷除污的货车。如装过剧毒品的货车、受到危险货物污染的货车、有刺激性异臭味的货车。

(3) 装过污秽品的货车也必须进行洗刷除污。

若收货人有洗刷消毒设备,也可由收货人自行洗刷、消毒。

收货人组织卸车的货车,未进行清扫或清扫不干净时,车站部门应通知收货人补扫。如收货人未补扫或未清扫干净,车站应组织人员代为补扫,并向收货人核收货车清扫费和延期使用费。

三、货物到达通知与暂存

货物到达后,承运人应及时向收货人发出领货通知。发出领货通知后,承运人在车站公共装卸场所内组织卸车。到站应在不迟于卸车完毕时间的次日内,向收货人发出领货通知或收货通知。

承运人在车站公共装卸场所内组织卸车时,收货人应于承运人发出领货通知或送货通知的次日(不能及时收到领货通知及送货通知或会同收货人卸车的货物为卸车的次日)起算,两日内将货物搬出或接收货物。超过上述期间未将货物搬出或接收货物,对收货人按超出的时间核收仓储费。根据各地具体情况,铁路局可以缩短货物免费仓储期限一日,也可以提高仓储费费率,但提高部分最高不得超过规定费率的 1 倍;也可以适当延长货物免费仓储时间。

知识点 12 交 付 工 作

交付工作包括内交付和外交付两部分。内交付即票据交付,外交付即货物交付。

一、内交付

收货人凭纸质领货凭证领货,收货人为个人时,还需提供收货人身份证;收货人为单位时,还需提供委托书和经办人身份证。车站在货票系统中调取运单信息,核实领货凭证、领货人身份等,采集收货人(经办人)身份证及头像影像资料,办理内交付手续。委托他人领取货物时应同时核实领货凭证、收货人身份证复印件、被委托人身份证原件和委托书。纸质领货凭证丢失时,可凭有经济担保能力的企业出具的担保书办理内交付手续。

收货人凭领货密码领货的,车站在货票系统中验证领货验证码,核实收货人身份信息,

采集经办人身份证及头像影像资料,办理内交付手续。委托他人领取货物时,查验收货人在电商系统录入的被委托人姓名、身份证号码、手机号码等委托信息及领货密码,办理内交付手续。

车站在货票系统中补充确认到达车辆及卸车相关信息,核收相关费用后,打印运单到站存查联、收货人存查联加盖车站日期戳。运单收货人存查联交收货人,运单到站存查联由收货人签章后留存。运单状态变更为"已内交付"。纸质领货凭证与运单到站存查联、变更要求书、调卸作业单、普通记录等合订留存。

二、外交付

货运场站卸车,车站在货运站系统对"已内交付"的运单进行外交付操作,凭加盖车站日期戳的运单收货人存查联点交货物,并加盖"货物交讫"戳记。分批领取货物时,应在运单收货人存查联上逐批记载领取货物的品名、件数、重量、时间等信息,全批点交完毕后,加盖"货物交讫"戳记。货物凭运单收货人存查联出站。

货物交付完毕后,如收货人不能在当日将货物全批搬出车站,对其剩余部分,按重量和件数承运的货物,可按件点交车站负责仓储;只按重量承运的货物,可向车站声明,由车站负责仓储。

铁路货物运输合同的履行时间从承运开始至货物交付完毕时止。交付工作完毕意味着运输合同就此终止。

三、货物搬出与送达

1. 货物搬出

收货人持已加盖"货物交讫"戳记的运单收货人存查联将货物搬出货场,货运场站门卫凭客户的运单收货人存查联记载的信息对货物进行确认后放行。

对门到门、站到门货物,按客户要求的送货地点和其他要求送达货物。

2. 货物送达

铁路局要提高接取送达服务能力,可整合、运用社会物流资源,与社会物流企业联合,做好接取送达服务工作。

客户在发站提出站到门需求,货物到站后,接取送达系统接收货票系统、电商系统或零散快运系统推送的物流需求信息,铁路局组织物流企业与到站办理货物交接,组织配送。

交接货物时,若收货人凭纸质凭证领货,配送人员携带运费杂费收据、收货人存查联、运单到站存查联和收货人存查联,核验收货人身份,收回领货凭证(零散快运不收领货凭证);若收货人凭电子凭证领货,配送人员携带运费杂费收据、收货人存查联、运单到站存查联和收货人存查联,通过手持设备验证领货密码,核验收货人身份。收货人在运单到站存查联上签章后,配送人员将收货人存查联交收货人,与收货人办理货物交接,完成后使用手机 APP 将状态变为"已送达",后将运单到站存查联和费用上交车站。

客户在到站提出需求,车站办理交付手续,在货票系统核收相关费用,接取送达系统接收货票系统推送的物流需求信息,铁路局组织物流企业与到站办理货物交接,组织配送,与收货人办理货物交接,完成后使用手机 APP 将状态变更为"已送达"。

拓展知识

零散货物快运作业程序

零散货物快运,具有运量小、品种繁多、货物性质复杂、包装条件不一的特点,组织工作比较复杂。

一、托运与受理

零散货物快运点对点和中心站跨局运输由车站提报日需求或增加使用车。对于零散快运货物,车站受理接收货物时,在零散货物快运平台填制电子货物运单。

零散货物快运需求由铁路客服人员统一受理,受理渠道包括:95306客服电话、95306网站和95306微信"我要发货"、车站受理服务电话、车站营业厅及上门服务等。

(1)客户拨打95306客服电话或快运车站受理服务电话时,客服人员应即时接听电话。客户通过95306微信"我要发货"提出需求时,客服人员应登录货运电子商务平台,确定客户提出的是零散货物快运需求后,及时与客户联系,补充录入需求信息,提出报价,由客服人员生成内部生产单据并进行确认、分单。

(2)客户直接送货到快运车站时,车站客服人员应即时受理。对于无法确定受理的需求,应及时上报至铁路局货运客服部门并由其处理。

(3)对零散货物快运上门服务需求,客服人员应提前联系客户,确定上门时间等事宜,由客户代表上门受理。

受理货物或上门取货时,应认真核对货物品名、性质、重量、数量、规格尺寸、到站(到达地点)和特殊运输需求等信息,确认运输和包装防护条件符合安全要求,协助客户办理托运手续,并对货物进行安全检查。

货物安全检查分为现场检查和授信检查,谁安检、谁签字、谁负责,采用人工或人/机结合的方式,每批货物只安检一次。

现场检查分为全检、抽检。原则上全检适用于二次包装(非原包装)、性质不易识别、外观不易直接目测检查的货物;抽检适用于同品名、同规格、生产厂家原包装或简易包装的货物。现场检查应由托运人自行打开箱(包)。托运人拒绝检查或在检查中发现可疑品时,不得办理货物运输。

授信检查是指货运中心、车务站段授权大客户对同品名、同规格、生产厂家原包装、简易包装、无包装货物进行安全检查,授权双方要签订安全协议,授信检查的货物可直接组织装车。铁路局应制订授信检查管理办法;货运中心、车务站段应将具备授信检查资格的托运人及货物名录在所辖办理站、作业站公布,并报铁路局备案。

货物经过安全检查符合办理条件后,安检人员应在有关单据上签字或加盖带有站名的车站负责人名章。

对安全检查合格的货物,根据货物重量、规格尺寸、到站(到达地点)和特殊运输需求等信息,核算制票,粘贴(订固或拴固)零散货物快运货签,托运人在货票上签字(盖章),承运人在货票上加盖车站日期戳。

按日提出整车运输需求,可逐车或多车成批补充件数、重量、包装、体积、货物价格、增值税信息、领货方式、付费方式、服务方式、记载事项等相关信息。开通电子领货服务后,客户选择电子领货时,须录入领货信息(收货人姓名、经办人姓名、身份证号、手机号码、领货密码等)。凭证明文件运输的货物,须提供证明文件原件。按一批托运的货物名称超过1个或货物名称为"混装货物"时,还须在电商系统填记物品清单,物品清单只能单车补充。货物名称不超过3个时,在运单货物名称栏显示。符合批量快运的货物,可选择按"批量快运"或"整车"方式运输。批量快运不能成组运输。

二、进货

零散快运货物进货,办理站和作业站直接受理货物时,对照运单需求联核对货物品名、包装、件数等,确定货物重量、体积。

车站上门受理时,受理人员持运单需求联与作业站办理货物交接。

办理站凭打印的运单发站存查联与作业站办理货物交接。

三、承运与装卸车作业

1. 办理承运

车站从零散货物快运平台调取电子运单需求联计费制票,打印运单发站存查联、托运人存查联、收款人报告联、到站存查联,并加盖车站日期戳。托运人在发站存查联正反面(反面在安全承诺书处)签章。车站留存发站存查联,托运人存查联交托运人,收款人报告联上报铁路局,到站存查联随车传递至到站。托运人凭运单的托运人存查联换开增值税发票,车站在税控系统中调取票据信息,核对一致后,通过税控系统开具增值税发票,并在运单托运人存查联上加盖"已开具发票"戳记,经托运人签字确认已领取发票后,将托运人存查联退还托运人。可以在货票系统中通过运单号查询开票状态和增值税发票号码,进行后续稽核。

2. 装车计划编制

装车计划应根据集货入库后的运单信息进行编制,对于使用小型集装箱装运的货物,应在编制装车计划前完成箱货匹配。点对点、跨局运输的零散货物快运,日需求下达后在零散快运平台编制并执行装车计划,生成装载清单。

3. 装车

(1) 环线装车

作业站与货运列车长根据装载清单办理货物交接,组织装车,双方在装载清单上签章,在零散快运平台录入相关信息。

(2) 点对点及中心站跨局装车

车站在货运站系统根据接收的装载清单制订装车计划,组织装车,根据货车装载清单核对运单、货物,在装车后三检,录入施封号等信息,根据实际装载情况只可删除未装车的装载清单信息。货车装载清单状态变为"已装车"。

货物包装应符合国家包装要求,对易倒塌、怕污损、自带包装薄弱的货物应使用伸缩膜缠绕或紧固带等加固;对食品、贵重物品等货物必要时应采取车内衬垫、隔离防护等措施。

4. 卸车作业

(1) 环线卸车

作业站负责人与货运列车长根据货车装载清单组织卸车,办理货物交接,双方在货车装载清单上签章,在零散快运平台录入相关信息。

(2) 中心站和点对点卸车

车站在货运站系统操作卸车,卸车完毕后,货车装载清单、电子运单状态变为"已卸车"。在零散快运货物平台调取"已卸车"车号,对运单信息进行卸车入库确认。

管内环线列车装卸作业,在到发量较小的作业站,原则上以随车人员为主承担;到发量较大的作业站,原则上以车站人员为主承担装卸作业,并配备装卸人员、机具。具体分工由铁路局统一执行。

作业站负责货物在站内的码放、保管、搬运;列车装卸车作业由货运列车长统一指挥,货物在车内的码放由随车人员负责。

装卸货物应轻拿轻放、大不压小、重不压轻、长不压短、码放稳固、标签向外,符合包装指示标志要求。装车时,应将货物均衡装载在车地板上,货物与车门之间的距离不得小于100mm,不超载、不偏载、不偏重、不集重,易滚动、窜动、倒塌的货物不得装在车门处或车内上层,并采取可靠的防滚动、防窜动、防倒塌措施。

四、货物交付

零散货物到达后,到站应按客户的需求和约定,及时发出领货通知或送货通知。

零散货物在交付时,除既有规定外,还可凭领货凭证的传真件、打印件和收货人身份证(收货人为单位时,凭单位证明和经办人身份证)与签字进行交付,但托运人应事先在电子运单记事栏内注明。

客户取货时,快运车站作业人员同步应用手持设备扫描货签条形码进行交付确认;手持设备发生故障时,作业人员应在货物交付后的15min内,凭货票到站存查联在快运平台进行交付确认操作,交付确认后,在货票到站存查联上签字或盖章。

送货上门时,快运车站作业人员在车站与送货人员进行货物交接,同步应用手持设备扫描货签条形码进行交接确认;手持设备发生故障时,作业人员应在货物交接后的15min内,凭货票到站存查联在快运平台进行交接确认操作,在货票到站存查联签字或盖章。

发生货损、货差或票据丢失等情况时,由到局中心站或到达作业站编制记录,并于列车到达后的60min内向发到局中心站或发站拍发电报,抄送发到局。

零散货物快运不办理变更到站。

项目小结

货物运单作为铁路货物运输合同的重要组成部分,贯穿整个货物运输过程。通过本项目的学习,掌握整车货物发送、途中、到达作业的内容。

实训项目　整车货物运输组织

根据以下案例，分组进行练习，演练整车货物装车和卸车作业过程。

1. 整车货物装车作业演练。

案例：武汉市贸易有限公司于 2013 年 3 月 1 日在舵落口站托运一批卷钢，总重 60t，6 件。使用标记载重量 61t 的 C_{64} 型车装载（车号 4942244，需求号 201303HY6666660001）。当日由承运人装车完毕。货票号码：13N03053045，保价金额 20 万元，挂入 86186 次列车发往柳州北站。收货单位：广西柳州钢铁储运贸易总公司 776 号库。

2. 整车货物卸车作业演练（见表 2-12）。

案例：汉阳站 2015 年 8 月 4 日 8：50,840153 次列车到达一车槽钢，车号为 C_{64}4943254，需求号为 201508HY6666660002，发站为石景山南站，发货人为北京市贸易有限公司，收货人为武汉市贸易有限公司。车站当日 10：50 解体、送车后，由承运人于 13：10 卸车完毕，通知收货人前来领取。收货人于 8 月 5 日到汉阳站领取该批货物。

学 生 分 组 表　　　　　　　　　表 2-12

学生	学生 A	学生 B	学生 C	学生 D	学生 E	学生 F
岗位						

复习思考

1. 如何托运货物？
2. 简述整车货物发送作业程序。
3. 简述装车前、后"三检"的内容。
4. 货物的途中作业主要有哪些？
5. 简述整车货物到达作业程序。
6. 简述卸车前、后"三检"的内容。
7. 简述货运检查的基本程序。
8. 哈尔滨市汽车配件储运公司于某年 3 月 20 日在哈尔滨东站承运到新乡站汽车维修厂一车配件，木箱包装，保价 50 万元，用 P_{64}3464568（标重 58t）装运，施封锁 2 枚（059207、059208）。请填写运单（运价里程 1289km，题中未给条件自拟）。

项目 3　铁路货物运输价格

项目描述

铁路在完成货物运送的过程中,需要相关人员能根据合同正确计算货物运输过程中涉及的各项费用,以及当货物发生运输变更等特殊情况时正确收取运输费用。

教学目标

1. 知识目标
(1)掌握铁路货物运输费用的计算方法。
(2)掌握铁路整车货物在各种条件下运费的计算。
(3)掌握货物运输其他费用的计算方法。
2. 能力目标
(1)能正确计算各种运输条件下货物运输费用,达到货运核算员技能要求。
(2)正确计算货物运输的其他费用。
建议课时:20 课时。

基础知识

任务 1　货物运费计算

知识点 1　货物运费概念和分类

一、铁路货物运费的概念

铁路货物运输费用(简称"铁路货物运费")是指铁路运输产品的销售价格,即铁路向货主核收的运输费用。

铁路货物运输费用是对铁路运输企业所提供的各项生产服务消耗的补偿,包括车站费用、运行费用、服务费用和额外占用铁路设备的费用等。

铁路货物运输费用由铁路运输企业使用货运相关票据和运费杂费收据核收。

国铁营业线的货物运输,除军事运输(后付)、水陆联运、国际铁路联运过境运输及其他

铁路总公司另有规定的货物运输费用外,均按《铁路货物运价规则》(以下简称《价规》)计算货物运输费用。

铁路货物运输费用的收费项目及收费标准,应在车站营业场所公告。未经公告,不得实行。

二、铁路货物运费的分类

1. 按适用范围分

(1) 普通运价

普通运价是铁路货物运价的基本形式,是铁路运输货物的统一运价,凡在路网上办理正式营业的铁路运输线都适用统一运价。现行铁路的整车货物、零担货物、集装箱货物、冷藏车货物运价都属于普通运价。

对一些有特殊运送要求的货物规定了在普通运价上加成、减成的运价。如超限货物的运价是按照超限货物超限等级的不同,分别在普通货物运价的运价率上加成 50%、100%、150% 计算运费。

(2) 特殊运价

特殊运价是指地方铁路、临时营业线和特殊线路的运价。如大秦线的煤炭运价。

(3) 国际联运运价

国际联运运价是指对铁路国际联运的货物所规定的运价,包括国内段运输和过境运输运价。国内段运输运价同普通运价。过境运输运价根据国际联运有关规定计算。

(4) 军运运价

军运运价是指对军事运输中军运物资所规定的运价。

2. 按货物运输种类分

(1) 整车货物运价

整车货物运价是对按整车运送的货物所规定的运价。

(2) 零担货物运价

零担货物运价是对按零担运送的货物所规定的运价。

(3) 集装箱货物运价

集装箱货物运价是对按集装箱运送的货物所规定的运价。

知识点 2　运费计算程序和公式

一、计算程序

(1) 根据货物运单上填写的货物名称查找《铁路货物运输品名分类与代码表》(见《价规》附件一)、《铁路货物运输品名检查表》(见《价规》附件三),确定适用的运价号。

(2) 整车货物、零担货物按货物适用的运价号,集装箱货物根据箱型、车种分别在"铁路货物运价率表"中查出适用的运价率(即基价 1 和基价 2,下同)。

(3) 按《铁路货物运价里程表》计算出发站至到站的运价里程。

(4) 根据货物种类、重量,确定计费重量。

(5)货物适用的基价1加上基价2与货物的运价里程的乘积后,再与计费重量(集装箱货物为箱数)相乘,计算出运费。

二、计算公式

按现行《价规》,不同运输种类的货物计费公式如下:

1. 整车货物运费

(1)按重量计费

运费 = (基价1 + 基价2 × 运价里程) × 计费重量

(2)按轴数计费

运费 = (基价2 × 运价里程) × 轴数

2. 零担货物运费

运费 = (基价1 + 基价2 × 运价里程) × 计费重量/10

3. 集装箱货物

运费 = (基价1 + 基价2 × 运价里程) × 箱数

知识点3 运 价 里 程

运价里程根据《货物运价里程表》(以下简称《里程表》)按照发站至到站间国铁正式营业线最短径路计算,但《里程表》或铁路总公司规定有计费径路的运价里程,按规定的计费径路计算。

一、车站和里程的查找、计算方法

按站名首字(汉语拼音或笔画)查出发站和到站在站名索引表中的页数,再根据货物运价里程接算站示意图查出发站至到站的接算站,即可以从里程表中找出发站和到站至接算站间的里程,通过计算得出发、到站间的里程。

用来计算跨及两条或者两条以上线路车站间运价里程的车站,称为接算站。里程表上一般用"★"表示,图上一般用"○"表示接算站在路网上位于两条以上线路的汇集交叉点,如图3-1所示。

二、最短径路

1. 最短径路的概念

所谓最短径路,是指发站至到站间运价里程最小的经由路线。在《里程表》中,附有货物运价里程最短径路示意图。货物运价里程最短径路示意图分为货物运价里程最短径路示意图(环状线)和××站起点货物运价里程最短径路示意图两种。

2. 最短径路运价里程计算方法

货物运价里程最短径路示意图(环状线),表明了当发、到站在同一环状线上时,从发站至到站的最短径路。

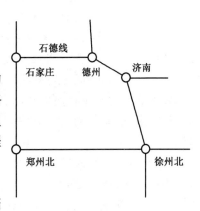

图3-1 部分接算站在路网上位置示意图

其使用方法就是环状线路上的以各个发站为始点至箭头指示的车站为环状里程的一半,确定发站至到站的最短径路,环状线路上的数字为半环的运价里程。例如,丰台、天津、德州、石家庄站在同一个环状线路上,图中箭头指示分别是以丰台、天津、德州、石家庄站为起点的环状线路里程的一半。如天津站起点的里程的一半在土贤庄站和良村站间,丰台站起点的环状里程的一半在清凉店站和龙华站间,且半环的运价里程是402.5km,那么从丰台站至德州站的最短径路按图示,应该为经过天津站到德州站,因为这样货物运价里程不足402.5km,否则,经过石家庄站到德州站的运价里程则大于402.5km。同样以天津站到石家庄站的最短径路应为经过丰台站到石家庄站,运价里程不足402.5km,如图3-2所示。

在《里程表》中,还有以哈尔滨、沈阳、山海关、丰台站为起点的最短径路示意图(在东北地区内),以天津、郑州北、南京东站为起点的最短径路示意图(在北南方地区内)。根据这些示意图可以确定以这些车站或这些车站附近的车站为发站,运送到某些到站的货物的最短径路。其使用方法就是根据示意图中的箭头的指向来确定最短径路,当遇到逆向箭头或实心圆点时,表明该径路不是最短径路。在实际工作中,对于货运量较大的车站,各站都编制了以本站为起点的最短径路示意图,以加快作业速度,提高作业效率。

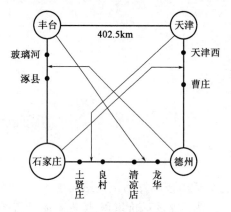

图3-2 环状线最短径路确定方法

【例3-1】 查包头东站至石家庄站的最短径路。

解:在图3-3上查找,包头东站至石家庄站有3条径路:

(1)包头东—大同—沙城—三家店—石景山南—丰台—石家庄

(2)包头东—大同—原平—石景山南—丰台—石家庄

(3)包头东—大同—原平—太原北—榆次—石家庄

包头东—大同为条状线;大同—沙城—石景山南—原平为一环状线,根据箭头所指应经原平;原平—石景山南—丰台—石家庄—榆次—太原北亦为一环状线,根据箭头所指应经太原北、榆次到石家庄站。最短径路为第(3)条径路。

如不能确定最短径路时可将几条径路里程分别计算出来,取其最短,即为最短径路。上例可计算如下:

(1)包头东(经沙城)—丰台—石家庄的运价里程为:790+266=1056(km)

(2)包头东—大同—原平—石景山南—石家庄的运价里程为:434+232+419+274=1359(km)

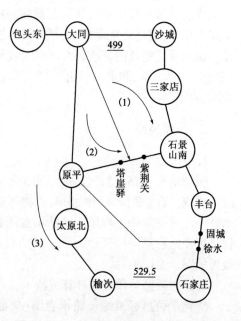

图3-3 包头东站至石家庄站的最短径路

(3)包头东—大同(经太原北)—石家庄的运价里程为:434+598=1032(km)

所以包头东站至石家庄站的最短径路为第(3)条径路,运价里程为1032km。

《里程表》下方"注:仅限发到本线各站的货物使用"的线路,不作为确定最短径路的线路,应按原定的计费径路计算运价里程。

如沈阳铁路局管内锦州站至海城站间有两条径路,如图3-4所示。一条从锦州经由沟帮子、沈阳到海城的径路里程为367km,另一条从锦州经由沟海线(沟帮子至唐王山)到海城的径路里程为172km,比较以上两条径路,沟海线运价里程较近,但根据《里程表》沟海线下方的"注"可知,货物运价里程应按经由沟帮子、沈阳到海城的径路来确定(即按367km计算)。

三、须另加入的运价里程

(1)国际联运货物,经由国境线时,应另加算国境站至国境线的里程(按《里程表》中的"国际联运国境线里程表"确定)。因国境站不是设在国境线上,所以运价里程应加算国境站至国境线的里程。如国际联运货物从二连站经蒙古铁路时,则国内区段的运价里程应加算二连站至国境线的里程5km,如图3-5所示。

图3-4　锦州、海城间的最短径路

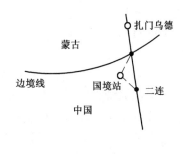
图3-5　二连站至国境线的里程示意图

(2)水陆联运货物,经由码头支线时,应另加算换装站至码头线的里程(按《里程表》中的"铁路货物联运换装站到码头线里程表"确定)。

(3)轮渡线里程(见附录中的附表3),根据中国铁路总公司公布的运价里程计算。

(4)站界内搬运按实际里程计算运价里程。

四、不计入运价里程内的里程

不计入运价里程的有专用线、货物支线的里程。运价里程是以相邻两站的站中心之间的距离确定的,因而不包括专用线、货物支线的里程。

五、实际经由计算方法

在下列情况下,运价里程按实际经由计算:

(1)因货物性质(如鲜活货物、超限货物等)必须绕路运输。

途中需要上水的活动物,在最短径路上没有上水站,则根据托运人的要求,可以绕路经由有加冰所(或上水站)的线路绕路运输。

超限货物运输由于受最短径路上建筑限界或其他不利因素的影响,铁路可指定经由适合其运输的线路绕路运输。

(2)因自然灾害或其他非铁路责任的因素,托运人可要求绕路运输。遇此种情况,须由有关部门做出具体指示后,方可办理。

(3)属于"五定"班列运输的货物,按班列经路运输。承运后的货物发生绕路运输时,仍按货物运单内记载的经路计算运费。为保护托运人的利益,由于铁路内部车流调整发生的绕路运输,未经中国铁路总公司明定按绕路计费的都不应按绕路计算运费。

知识点4　运价号及运价率

一、运价号

我国现行铁路货物运价实行分号运价制。整车(含冷藏车)货物运价号分为7个(2~7,机械冷藏车);零担货物运价号分为2个(21、22);集装箱货物运价号分为2个(20ft、40ft)。

按照货物运单上填写的货物品名,查找《铁路货物运输品名分类与代码表》(简称《分类表》和《铁路货物运输品名及检查表》(以下简称《检查表》),确定该批货物适用的运价号。

1. 列表内的货物

列表内的货物即在货物《分类表》和《检查表》中列载了货物具体名称或概括名称的货物。

(1)先查《检查表》。从品名首字汉语拼音索引表或品名首字笔画索引表中,查出该品名在货物运输品名检查表中的页数,再根据《检查表》查出该品名的拼音码、代码和运价号。

(2)《分类表》和《检查表》中有具体名称时,按具体名称判定货物类别和运价号,不属该具体名称的不能比照。但由于货物的别名、俗名、地方名称等不同,而实际属于该具体名称的货物,仍应按该具体名称判定类别和运价号。

(3)《分类表》和《检查表》中有该货物的具体名称时,则按概括名称判定类别和运价号,并须遵守以下规定:

①适用制材或加工工艺概括名称的,除明定者外,均不分用途。当货物具有两种以上制材时,则按其主要制材判定其类别和运价号。

②适用用途概括名称时,除明定者外,均不分制材,并在用途概括名称后加括弧注明该货物具体名称。如:药用的桑皮在检查表中无此名称,则在运单上写成"中药材(桑皮)"。

③适用自然属性概括名称的,除明定者外,均不分用途、制材、形态、品种。

2. 未列名的货物

在《分类表》和《检查表》中既无该货物的具体名称,又无概括名称或难以判定概括名称时,按小类→中类→大类的顺序逐层次判定其归属的类别。各类均不能归属的货物,则列入总收容类目9990未列名的其他货物。

二、运价率

铁路货物运价率是根据运价号相应地制订出对应于每一运价号的基价1和基价2。基价1是货物在发站及到站进行发到作业时单位重量(箱数)的运价。它只与计费重量(箱数)有关,与运价里程无关。基价2是指货物在途运期间单位重量(箱数)每一运价公里的运价,它既与计费重量(箱数)有关,又与运价里程有关。铁路货物运价率表如表3-1所示。

铁路货物运价率表 表3-1

办理类别名称	运价号	基价 1		基价 2	
		单位	标准	单位	标准
整车	2	元/t	9.50	元/(t·km)	0.086
	3	元/t	12.80	元/(t·km)	0.091
	4	元/t	16.30	元/(t·km)	0.098
	5	元/t	18.60	元/(t·km)	0.103
	6	元/t	26.00	元/(t·km)	0.138
	7	—	—	元/(t·km)	0.525
	机械冷藏车	元/t	20.00	元/(t·km)	0.140
零担	21	元/10kg	0.22	元/(10kg·km)	0.00111
	22	元/10kg	0.28	元/(10kg·km)	0.00155
集装箱	20ft 箱	元/箱	500.00	元/(箱·km)	2.025
	40ft 箱	元/箱	680.00	元/(箱·km)	2.754

注:本表于2018年1月1日实行。1ft=0.3048m。根据《铁路货物运输规程》,运价号为2~7,没有1。

(1)普通整车货物的运价号为2~7号和机械冷藏车,基价1的单位为元/t,基价2的单位为元/(t·km);整车货物运价号中的7号为按轴计费的运价号,无基价1,基价2的单位为元/(t·km)。

(2)零担货物的运价号为21、22号。基价1的单位为元/10kg,基价2的单位为元/10(kg·km)。

(3)集装箱货物,分别20ft、40ft 箱制订基价1和基价2。基价1的单位为元/箱,基价2的单位为元/(箱·km)。

知识点5 计费重量及尾数处理

一、计费重量

用来计算运输费用的货物重量称为计费重量。货物运费与计费重量有关,因此,计算运费时,首先应根据所运送的货物确定计费重量。整车货物运费计费重量单位为吨(t,吨以下四舍五入)、轴;集装箱计费以箱为单位。

计费重量是根据货物实际重量、轴数、箱数按有关规定确定的。

二、尾数处理

计算出的每项运费、杂费均以元为单位,尾数不足1角时,按四舍五入处理。

任务 2 整车货物运费计算

知识点 6 一般整车货物运费

一、计费重量

(1) 一般情况下,整车货物均按货车标记载重量(简称标重)计算运费,货物重量超过标重时按货物重量计费。计费重量以吨(t)为单位,吨以下四舍五入。

(2) 特殊情况下,使用规定车种车型装运特定货物,计费重量按表 3-2 所规定的计费重量计算,货物重量超过规定计费重量的按货物重量计费。

(3) 车辆换长超过 1.5m 的货车(D 型长大货物车除外),未明定计费重量的,按其超过部分以每米(不足 1m 的部分不计)折合 5t 与 60t 相加之和计费。

(4) 米轨、准轨间换装运输的货物,均按发站的原计费重量计费。

(5) 承运人提供的 D 型长大货物车的车辆标重大于托运人要求的货车吨位时,经中铁特货公司批准可根据实际使用车辆的标重减少计费重量,但减吨最多不得超过 60t。

(6) 对整车钢铁及有色金属产品,实行实重计费。

整车货物规定计费重量表   表 3-2

顺号	项 目	计费重量(t)
1	标重不足 30t 的家畜车	30
2	矿石车、平车、砂石车经铁路局批准装运"品名分类与代码表"中的 01(煤)、0310(焦炭)、04(金属矿石)06(非金属矿石)、081(土、砂、石、石灰)、14(盐)类货物	40
3	标重低于 50t、车辆换算长度小于 1.5m 的自备罐车	50
4	SQ_1(小汽车专用平车)	80
5	SQ_4(双层汽车专用平车)	60
6	JSQ_5(双层汽车专用平车)、JSQ_6(凹底双层运输汽车专用车)	100
7	QD_3(凹底平车)	70
8	G_{Y95s}、G_{Y95}、GH_{40}、G_{Y40}、$GH_{95/22}$、$G_{Y95/22}$(石油液化气罐车)	65
9	G_{Y100s}、G_{Y100}、G_{Y100-I}、$G_{Y100-II}$(石油液化气罐车)	70
10	G_{Y80s}(液化气罐车)	56
11	DK_{36A}(落下孔长大货物车)	360
12	P_{65}	58

二、运价率

根据托运人在货物运单上填写的货物名称,按照铁路货物运输《分类表》查出该批(项)货物所适用的运价号,按承运当日实行的运价率,查出该批货物适用的运价率。

(1) 按一批办理的整车货物,运价率不同时,按其中较高的运价率计费。

【例3-2】 托运人在某站托运一批货物,其中空调50台,运动器材100套,试确定运价率。

解:查出空调为6号运价,运动器材为5号运价,因其按一批托运,故按6号运价率计费。

(2)运价率加(减)成的确定

《分类表》中规定的加(减)成应先计算出其适用的运价率,再按下述规定进行加(减)成计算。

①一批或一项货物,运价率适用两种以上减成率计算运费时,只适用其中较大的一种减成率。

②一批或一项货物,运价率适用两种以上加成率时,应将不同的运价率相加之和作为其适用的加成率。

③一批或一项货物,运价率同时适用加成率和减成率时,应以加成率和减成率相抵后的差额作为适用的加(减)成率。如:某站发送一件超级超限货物,用自备车装运。其运价率既适用于加成率又适用于减成率,超级超限货物加成率为150%,用自备车装运减成率为20%。因此,该批货物适用的运价率为加成150% − 20% = 130%。

【例3-3】 某托运人从安阳站托运一台机器,重26t。使用一辆60t货车将货物装运至徐州北站,计算其运费。

解:查里程表安阳站至徐州北站的运价里程为556km,查《分类表》,机器运价号为6号运价,查运价率表,6号运价的基价1为26.00元/t,基价2为0.138元/(t·km),计费重量为60t。

运费 = (26 + 0.138 × 556) × 60 = 6163.68 ≈ 6163.7(元)

知识点7 特殊货车货物运费

一、冷藏车货物运费

1. 计费重量

机械冷藏车运送易腐货物按规定计费重量计费(见表3-3),超过计费重量时按货物重量以吨为单位四舍五入计费。

冷藏车规定计费重量表 表3-3

车种、车型		计费重量(t)
机械冷藏车	B_{6G}	45
	B_{18}	32
	B_{19}	38
	B_{20}、B_{21}	42
	B_{10}	44
	B_{22}、B_{23}	48
冷板冷藏车	BSY	40

续上表

车种、车型		计费重量(t)
冷藏车改造车	B_{15E}	56
	B_{15B}、B_{15C}	52
加冰冷藏车	B_6、B_{6N}、B_{6A}、B_7	38
自备机械冷藏车		60
自备冷板冷藏车		50
代替其他货车冷藏车装运非易腐货物的铁路冷藏车		冷藏车标重

2. 运价率的确定

用冷藏车运送货物,按货物运价率表中不同车型的冷藏车的运价率计算运费,特殊情况按下述方法计费:

(1)途中不需要加温(或托运人自行加温)或有制冷功能的机械冷藏车按机械冷藏车的运价率减20%计费。

(2)使用铁路机械冷藏车运输,要求途中制冷保持温度为 -12℃(不含)以下的货物,按机械冷藏车运价率加20%计费。

(3)自备冷藏车、隔热车(即无冷源车)和代替其他货车装运非易腐货物的铁路冷藏车,均按所装货物适用的运价率计费。

【例3-4】 从集宁站发往开封站冻羊肉120t,用 B_{19} 型机械冷藏车组装运(4辆装货)。

(1)途中制冷且要求车内保持温度为 -12℃,试计算其运费。

(2)途中制冷且要求车内保持温度为 -13℃,试计算其运费。

解:查货物运价里程表可知,最短径路里程为1112km(最短径路经京包线、北同蒲线、太焦线、陇海线)。使用机械冷藏车,根据机械冷藏车运价率计算该批货物运费。

(1)途中制冷保持温度为 -12℃时:

运费 $= (20 + 0.140 \times 1112) \times 38 \times 4 = 26703.4$(元)

(2)途中制冷保持温度为 -13℃时:

运费 $= (20 + 0.140 \times 1112) \times (1 + 20\%) \times 38 \times 4 = 32044.0$(元)

【例3-5】 桂林北发往沈阳南一批蔬菜,重20t,用一辆 B_{10} 型车装运,途中不制冷,试计算其运费。

解:查货物运价里程表可知最短径路运价里程为2962km,由于途中不制冷,运价率按机械冷藏车运价率减20%计费,计费重量为规定计费重量44t。

运费 $= (20 + 0.140 \times 2962) \times (1 - 20\%) \times 44 = 15300.7$(元)

二、快运货物

按快运办理的货物运输时须加收快运费。货物快运费的费率,按"铁路货物运价率表"规定的该批货物适用运价率的30%计算核收。

【例3-6】 如例3-5中货物要求快运时,除核收运费外,试计算该批货物快运费。

解:快运费 $= (20 + 0.140 \times 2962) \times (1 - 20\%) \times 44 \times 30\% = 4590.2$(元)

三、超长、超限货物的运费

1. 超限、限速货物运费的计算

由于超限货物和须限速运行的货物运输条件特殊,办理手续复杂,影响铁路运输效率,增加运输成本,因而运送这类货物时,发站应将超限货物的超限等级在货物运单货物名称栏内注明。承运人记载调度命令号,其运费计算按下列规定进行。

(1)一级超限:按运价率加50%计费。

(2)二级超限:按运价率加100%计费。

(3)超级超限:按运价率加150%计费。

(4)限速运行(不包括仅通过桥梁、隧道、出入站线限速运行)的货物,按运价率加150%计费。须限速运行的超限货物,只核收150%的加成运费,不另核收超限货物加成运费。须限速运行的货物主要是指货物装车后,重车重心距路面高度超过2000mm及与限界距离或邻线列车距离较小的超级超限货物。由于须限制其运行速度,因而影响铁路运输效率,增加铁路运输成本,须对运价率进行加成。

【例3-7】 天津站发呼和浩特站一批机器,该批货物重26t,为超级超限货物,使用1辆60t平车装运,试计算其运费。

解: 查里程表,最短径路里程为761km,机器运价号为6号运价,因其为超级超限,所以按运价率加150%计算。

运费 = $(26+0.138\times761)\times(1+150\%)\times60 = 19652.7$(元)

【例3-8】 上海南站发常州站1台变压器,该变压器重20t,用一辆60t平车装运,装车后货物超限等级为一级超限,重车重心高为2260mm,需要限速运行,试计算其运费。

解: 查里程表,最短径路里程为181km,变压器运价号为6号运价,该货物为须限速运行的超限货物,则按运价率加150%计算。

运费 = $(26+0.138\times181)\times(1+150\%)\times60 = 7646.7$(元)

2. 使用游车时货物运费的计算

运送超长、超限货物时,在一些情况下,除使用负重的主车负担货物重量外,还须使用游车满足货物对长度的需要,因而需要更多车辆,所以要核收多使用的游车运费,游车运费按下列规定计算:

(1)游车不装货物时,游车运费按主车货物运价率和游车标重计算。

(2)利用游车装运货物,按所装货物运价率与主车货物运价率较高的核收游车运费。

(3)两批货物共同使用游车时,其游车运费各按主车货物的运价率及游车标重的1/2计费。

(4)运输超限货物或需要限速运行的货物使用游车时,游车运费不加成。

(5)自轮运转的轨道机械,以企业自备货车或租用铁路货车作游车时,按整车7号运价率核收游车运费;自轮运转的轨道机械,以铁路货车作游车时,按整车6号运价率和游车标重核收游车运费。

(6)D型长大货车运输货物须用隔离车时,隔离车不另核收运费。隔离车加装货物时,按所加装货物适用的运价率核收运费。

【例3-9】 山海关站发乌海站1件桥梁架,长16.3m,重39t,使用一辆60t平车一端突出装运,另用一辆60t平车作游车,试计算这批货物运费。

解: 查里程表,最短径路运价里程为1569km。

主车:查桥梁运价号为5号,计费重量为60t;

游车:因游车上未装货物,所以按主车桥梁的运价号5号,计费重量为游车标重60t。

运费 = 主车运费 + 游车运费
　　 = (18.6 + 0.103 × 1569) × 60 + (18.6 + 0.103 × 1569) × 60
　　 = 21624.8(元)

【例3-10】 攀枝花站发往桂林北站一批钢管,重51t,使用一辆60t平车一端突出装运,另使用一辆60t平车作游车,托运人利用游车装载一箱医用仪器,试计算其运费。

解: 查里程表,最短径路运价里程为1767km。

主车:计费重量为60t,钢管运价号为5号;

游车:计费重量为60t,运价率为钢管与医用仪器之间较高的,钢管运价号为5号,医用仪器运价号为6号,因而游车运价号为6号。

运费 = 主车运费 + 游车运费
　　 = (18.6 + 0.103 × 1767) × 60 + (26 + 0.138 × 1767) × 60
　　 = 28226.8(元)

【例3-11】 株洲北站发武昌站一批水泥电杆(超长货物),重42t,以一辆60t平车装载,与另一批货物共同使用一辆60t平车作游车,试计算其运费。

解: 查运价里程表,最短径路运价里程为414km。

主车:计费重量为60t,运价号为5号;

游车:因共用游车,所以计费重量为游车标重的1/2,即30t,运价号为该主车货物水泥电杆的运价号5号。

运费 = 主车运费 + 游车运费
　　 = (18.6 + 0.103 × 414) × 60 + (18.6 + 0.103 × 414) × 30
　　 = 5511.8(元)

四、自备、租用车的运费

(1)托运人自备货车或租用铁路货车(不论空车、重车)用自备机车或租用铁路机车牵引时,按照全部列车(包括机车、守车)的轴数与整车7号运价率计费。

(2)托运人自备货车或租用铁路货车装运货物用铁路机车牵引,或铁路货车装运货物用该托运人自备的机车牵引运输时,按所装货物运价率减20%计费。

(3)托运人的自备货车或租用的铁路货车空车挂运时,按7号运价率计费。承运人利用自备车回空捎运货物,按新装货物适用的运价率计费,在货物运单铁路记载事项栏内注明免收回空费。

(4)自备或租用铁路的客车、餐车、行李车、邮政车、专用工作车挂运于货物列车时,空车按7号运价率加100%和标重计费,装运货物时按其适用的运价率加100%和标重计费。但换长1.5m以下的专用工作车不装货物时不加成。

(5) 随车人员按押运人乘车费收费。

【例3-12】 某托运人从中华门站装运一批石灰石到古雄站,重1200t,该托运人自备机车1台(6轴),自备货车20辆(均为4轴60t敞车),及自备守车1辆(4轴)组成列车运输,试计算其运费。

解:因该批货物用自备货车装运、自备机车牵引,所以按轴计费,即运价号按7号,总轴数为90,其运价里程为16km。

运费 = 0.525 × 16 × 90 = 756.0(元)

【例3-13】 长春北站发哈尔滨站一批化工原料,重50t,用1辆60t企业自备棚车装运,计算其运费。

解:该批货物属自备货车装运,用铁路机车牵引,所以运价率为该批货物适用的运价率减成20%,即化工原料5号运价的运价率减成20%,该批货物运价里程为263km。

运费 = (18.6 + 0.103 × 263) × (1 − 20%) × 60 = 2193.1(元)

【例3-14】 沈阳站卸货后回送辽阳石油化学纤维厂的自备空罐车3辆(均为4轴),试计算其运费。

解:因是自备货车空车挂运,所以应按运价号7号计费,运价里程为72km。

运费 = 0.525 × 3 × 4 × 72 = 453.6(元)

五、自备货车装备物品及集装箱用具的回送费

(1) 托运人自备的货车装备物品(禽畜架、篷布支架、饲养用具、防寒棉被、粮谷挡板)、支柱等加固材料和运输长大货物用的货物转向架、活动式滑枕或滑台、货物支架、座架及车钩缓冲停止器,凭收货人提出的特价运输证明书回送时,不核收运费。

(2) 托运人自备的可折叠(拆解)的专用集装箱、集装笼、托盘、网络、货车篷布,装运卷钢、带钢、钢丝绳的座架、玻璃集装架和爆炸品保险箱及货车围挡用具,凭收货人提出的特价运输证明书回送时,整车按2号运价率计费。

六、站界内搬运、途中装卸、整车分卸货物的运费

站界内搬运、途中装卸、整车分卸这三种形式为整车运输的特殊形式,其运费计算方法如下:

(1) 站界内搬运的货物,按实际运输里程(不足1km的尾数进整为1km)和该批货物适用的运价率计算运费,不另收取送车费。

(2) 途中装卸货物,不论托运人、收货人要求在途中装卸地点的前方或后方货运站办理托运或领取手续,途中装车按后方货运站计算运价里程;途中卸车按前方货运站计算运价里程,不另收取送车费。

(3) 整车分卸的货物,按照发站至最终到站的运价里程计算全车运费和押运人乘车费;途中每分卸一次,另行核收分卸作业费80元(不包括卸车费)。

七、按整车办理的危险货物的运费

由于危险货物具有易爆炸、易燃、毒害、腐蚀、放射性等特性,在运输过程中须进行特殊

防护,因而车站在办理危险货物运输时,应按下述规定进行运费核算:
(1)一级毒性物质(剧毒品)按运价率加100%计算运费。
(2)爆炸品、易燃气体、非易燃无毒气体、毒性气体、一级易燃液体(代码表02 石油类除外)、一级易燃固体、一级自然物品、一级遇水易燃物品、一级氧化性物质、有机过氧化物、二级毒性物质(有毒品)、感染性物质、放射性物质按运价率加50%计算运费。

【例3-15】 包头站发往银川站碳化钙(电石)58t,以一辆P_{62}型车运送,计算其运费。

解: 查货物运价里程表,包头至银川运价里程为511km,碳化钙(电石)运价号为5号,且碳化钙(电石)是一级遇水产生易燃气体的物质,因此,其运价率加50%。

运费 = (18.6 + 0.103 × 511) × (1 + 50%) × 60 = 6411.0(元)

任务3 其他运输费用计算

知识点8 杂费计算方法

一、杂费

运输费用除运费外,还包括货物运送过程中实际发生的各种杂费。铁路货运杂费是以铁路运输的货物自承运至交付时的全过程中,铁路运输企业向托运人、收货人提供的辅助作业和劳务,以及托运人或收货人额外占用铁路设备、使用用具和备品所产生的费用,均属于货物运输杂费,简称货运杂费。

1. 杂费的核收依据

铁路货物运输营运中的杂费按实际发生的项目和《铁路货物运输杂费管理办法》的规定核收。铁路杂费收费项目和标准见附录中的附表4。

2. 杂费计算及尾数的处理

杂费的核收按照《铁路货物运输杂费管理办法》规定进行核收。杂费计算公式如下:

杂费 = 杂费费率 × 杂费计费单位

各项杂费不满一个计算单位时,均按一个计算单位计算(另定者除外)。货运杂费按实际核收,未发生的项目不准核收。

杂费的尾数不足1角时按四舍五入处理。

【例3-16】 某车站专用线里程为5.3km,试计算一辆C_{64}型货车的取送车费。

解: 取送车费率为9.00元/(车·km),车数为1车,专用线往返里程为5.3 × 2 = 10.6(km),进整取11km。

取送车费 = 9.00 × 1 × 11 = 99.0(元)

二、铁路建设基金

1. 计算公式

该批货物经由国家铁路正式营业线和实行统一运价的运营临管线时应核收铁路建设基金,该批货物的铁路建设基金计算公式如下。

铁路建设基金 = 费率×计费重量(箱数或轴数)×运价里程

式中:费率——见铁路建设基金费率表(见附录中的附表5);

　　计费重量——整车、零担货物按该批货物运费的计费重量计算,集装箱货物按箱计费,货物运单内分项填记重量的货物,按运费计费重量合并计算;

　　运价里程——按国家铁路正式营业线和实行统一运价运营临管线的运价里程算。

2. 其他说明

(1)费用由发站一次核收,尾数不足1角时按四舍五入处理。

(2)水陆联运、国际联运、军事运输均须核收附加费。

(3)免收运费的货物、站界内搬运的货物免收附加费。

(4)承运后发生运输变更时,按《价规》处理运费方法处理。

(5)承运后发现托运人匿报、错报货物品名或货物重量信息与实际不符,致使费用少收时,到站应按正当费用补收。

(6)自2018年1月1日起,电气化附加费不再单收。

(7)对粮食、化肥、磷矿石等特殊品类或区段,实行铁路建设基金减免优惠。

三、印花税

印花税属铁路代收费用,印花税按所有运输费用合计的5/10000核收。印花税以元为单位,精确至分,分以下四舍五入。印花税起码价为1角。运费不足200元的货物,免收印花税。

【例3-17】 包头东站运往广安门站一车铝锭,用60t C_{62} 车装运,试计算其运费、铁路建设基金和印花税。

解: 包头东至广安门运价里程为798km。

查费率表:运价号为5,运价率18.60元/t、0.103元/(t·km),计费重量60t;

铁路建设基金费率为0.033元/(t·km)。

(1)运费 = (18.60 + 0.103 × 798) × 60 = 6047.6(元)

(2)铁路建设基金 = 0.033 × 60 × 798 = 1580.0(元)

(3)印花税 = 7627.6 × 5/10000 = 3.8(元)

知识点9　货物运输变更运费

托运人或收货人提出货物运输变更的要求时,应出示领货凭证和货物运输变更要求书办理运输变更。

(1)货物发送前取消托运时,由发站处理,运输合同即终止,相应运单票据作废。

费用清算:由发站退还全部运费和按里程计算的杂费,如货物运费低于变更手续费时,免收变更手续费,但不退还运费。

(2)货物发送后,托运人或收货人要求变更到站(包括同时变更收货人)时,变更处理站在承运人记载事项栏内记载相关变更事宜,并将变更事项记入货票内。

费用清算:运费与押运人乘车费应按发站至处理站、处理站至新到站分别计算,由到站向收货人清算。运输费用多退少补。

（3）货物发送后，托运人或收货人要求变更收货人，变更处理站在承运人记载事项栏记载相关变更事宜，并记入货票内。

费用清算：由到站核收变更手续费。

【例3-18】 石家庄站发长沙东站雪梨1500件，重32t，用一辆B_{22}冷藏车运送，发送前托运人取消托运，费用如何清算？

解： 查里程表，最短径路为1312km，计费重量为规定计费重量48t，运价率按机械冷藏车运价率。

原收运费 $= (20.00 + 0.140 \times 1312) \times 48 = 9776.6$（元）；

应收变更手续费100.00元；

发站应退还发货人费用为：$9776.60 - 100.00 = 9676.6$（元）。

【例3-19】 石家庄站运往汉口站一批毛巾，用60t棚车装运，货车运行至孟庙站，托运人要求变将到站更为徐州北站，计算新到站徐州北站清算的费用。

解： 退还运费 = 原收运费 − 变更后运费

应补运费 = 变更后运费 − 原收运费

① 原收运费。

石家庄站至汉口站运价里程为929km，运价号为5号，计费重量为60t。

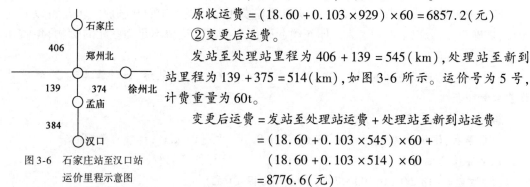

图3-6 石家庄站至汉口站运价里程示意图

原收运费 $= (18.60 + 0.103 \times 929) \times 60 = 6857.2$（元）

② 变更后运费。

发站至处理站里程为$406 + 139 = 545$（km），处理站至新到站里程为$139 + 375 = 514$（km），如图3-6所示。运价号为5号，计费重量为60t。

变更后运费 = 发站至处理站运费 + 处理站至新到站运费

$= (18.60 + 0.103 \times 545) \times 60 +$

$(18.60 + 0.103 \times 514) \times 60$

$= 8776.6$（元）

③ 新到站徐州北清算。

应补运费 = 变更后运费 − 原运费

$= 8776.60 − 6857.20$

$= 1919.4$（元）

核收变更手续费300.00元。

清算费用 = 应补运费 + 变更手续费

$= 1919.40 + 300.00 = 2219.4$（元）

拓展知识

运输阻碍运费

对已承运的货物，因自然灾害发生运输阻碍须变更到站时，处理站应在货物运单和货票上记明有关变更事项。新到站对运费进行如下处理：

(1)运费按发站至处理站与自处理站至新到站的实际经由里程合并通算。若新到站经由发站至处理站的原径路时,计算时应扣除原径路的回程里程,杂费按实际发生核收。

(2)发生运输阻碍时免收变更手续费。

【例3-20】 石家庄站运往汉门站一批服装,用60t棚车装运,货车运行至孟庙站时前方发生水灾,中断行车。承运人根据托运人要求变更到站为徐州北站,计算新到站徐州北站清算的费用。

解:石家庄站至汉口站运价里程为929km,运价号为5号,计费重量为60t。

①原收运费 = (18.60 + 0.103 × 929) × 60 = 6857.2(元)

②变更后运费。

发站至处理站里程为 406 + 139 = 545(km),处理站至新到站里程为 139 + 375 = 514(km),扣除原径路回程里程139km,发站至新到站里程为 545 + 514 - 139 = 920(km)。运价号为5号,计费重量为60t。

变更后运费 = (18.60 + 0.103 × 920) × 60 = 6801.6(元)

③新到站徐州北清算。

应退运费 = 原运费 - 变更后运费 = 6857.20 - 6801.60 = 55.6(元)

免收变更手续费。

项目小结

通过本项目的学习,掌握货物运输费用的计算,以保证货物安全为前提,尽力减少运输费用,为货主提供安全、经济的运输组织方案。

实训项目 铁路货物运价

填写货物运单,根据题意计算有关运杂费,将其填入表3-4,并将有关信息填入货物运单对应栏内。

(1)吐鲁番站用货主自备车(标记载重量为40t)发液化气到兰州西站,押运人2名。

(2)武威南站发西宁站1批白兰瓜,货重20000kg,使用一辆冷藏车(B_{10}型)装运,途中不制冷。

(3)包头东站发往银川南站1车蜜蜂,用60t敞车装运,苫盖铁路篷布2张(小张),押运人4人。

(4)丰台站发往郑州北站40t家电,用60t棚车装运,按整车分卸办理。第一分卸站保定卸15t,第二分卸站邯郸卸10t,最终到达郑州北站,派押运人2名进行押运。

(5)杭州南站发往韶山站变压器一批,使用一个企业自备20ft集装箱装运。

(6)武汉晨鸣纸业股份有限公司于2013年11月1日在汉西站托运68件纸张,共计60t,使用1辆标记载重量60t的棚车(3371353)装运,本企业专用线装车,当日由托运人负责装车完毕,未施封,发往丰台车站,收货单位:北京四季基业储运有限公司(取送车里程35km)。

（7）河南吉象人造林制品有限公司于2013年11月11日在洛阳北站托运木材17件，共计50t，使用1辆标记载质重量60t的敞车（4842124）装运，当日由承运人组织装车完毕，苫盖篷布2块（小张），篷布号：5008281，5009496，发往柳州南，收货人及单位地址自拟。

（8）武汉农源物资有限责任公司于2013年4月29日在汉西站托运钢材48t，共22件，使用1辆敞车（4900482）装运，标记载重量61t，当日由承运人在专用线装车完毕（专用线取送车单程1km），发往贵阳东站。收货单位：贵州长通电力线路器材有限公司。

运杂费类别及金额　　　　　　　　　　　　　　表3-4

序号	费用类别及金额
1	
2	
3	
4	
5	
6	
7	
8	

复习思考

1. 什么是铁路货物运输费用？
2. 铁路货物运输费用如何分类？
3. 货物运费计算的影响因素有哪些？列出整车、零担、集装箱货物运费计算公式。
4. 一般整车货物运费计算中对计费重量有哪些规定？
5. 超限、限速货物运费计算有哪些规定？
6. 什么是货运杂费？
7. 整车货物运费计算：

（1）由通化站发张家口南站葡萄酒6000箱，纸箱包装，货物48000kg，使用P_{60}型车装载。

（2）发站阳泉，到站保定，货物品名"煤"，散装，货物61300kg，使用车型C_{62}。

（3）由太原北站发天津南站机械构件1件，木箱包装，20000kg，使用N_{17}型车装载，超级超限。

（4）南京西发往石家庄化工设备1件，35000kg，使用N_{17}型车装载，一端使用游车（N_{17}

型),一级超限。

(5)发站烟台,到站厦门,货物品名"苹果",共 3000 件,纸箱包装,24000kg,使用 B_{10TB} 型车装载,途中不制冷。

(6)由石家庄站发往江岸站雪梨 20000 箱,纸箱包装,120000kg,使用 B_{10TB} 型车装载,途中制冷,车内温度保持在 $-16℃$。

项目 4　货物损失处理

项目描述

铁路货物损失处理工作是货物运输的重要环节,是衡量货运工作质量的重要标准,能够主动、迅速、妥善处理货物损失,是提高货运安全工作质量和服务水平、维护铁路声誉的基本要求。而健全货运安全管理机构和制度,配备精通业务、作风正派的专职人员,是确保货物损失工作完成的基本条件。

本项目将通过对货物损失种类与等级、记录的种类与编制、货物损失处理程序及铁路货物保价运输的学习,培养学生正确地判定及处理货物损失的能力,培养学生在货物运输中严守规章标准、确保货运安全的职业素质。

教学目标

1. 知识目标
(1)掌握货物损失的定义、货物损失的种类及货物损失的等级。
(2)掌握记录的种类和编制要求。
(3)掌握货物损失处理程序和要求。
(4)了解货物损失的统计与报告工作。
(5)掌握货物保价运输的规定。
2. 能力目标
(1)能运用所学知识正确判断货物损失的种类及等级。
(2)能正确编制货运记录和普通记录。
建议课时:10 课时。

基础知识

任务 1　货物损失种类与等级认知

一、《铁路货物损失处理规则》

《铁路货物损失处理规则》(简称《货损规则》)是为加强铁路货运安全管理,明确货物损失处理的原则、程序和铁路内部责任划分等,根据《货规》等相关法律法规和中国铁路总公司

(以下简称总公司)有关规定,制定而成的关于铁路货物损失处理的规则。

《货损规则》不是《货规》的引申规则,因此不能将其作为承运人与托运人、收货人划分货物损失责任的依据。只有明确认定属于承运人责任时,才按《货损规则》等有关规定划分铁路内部责任。

二、货物损失的定义

货物在铁路运输过程中(自铁路运输企业接收货物时起,至将货物交付收货人时止)发生灭失、短少或者损坏属于货物损失。

三、货物损失种类

货物损失分为5类:
(1)火灾。
(2)被盗(有被盗痕迹)。
(3)丢失(全批未到或部分短少、漏失,没有被盗痕迹)。
(4)损坏(破裂、变形、磨伤、摔损、部件破损、湿损、腐烂、植物枯死、活动物死亡、污染、染毒等)。
(5)其他(办理差错及其他原因造成的货物损失)。

"火灾"是指在铁路运输过程中,由于运输物资或运载货物的车辆、集装箱发生失去控制的燃烧,造成货物、仓库、货车、设施、运输物资损失和人员伤亡等后果的灾害。火灾损失的原因认定以公安消防部门《火灾原因认定书》为准。

"被盗"和"丢失"的区别在于是否有"被盗痕迹","被盗痕迹"主要以包装被撕破为表面特征。对于包装封条开裂、捆匦脱落,内品短少或被调换,除能证明属于被盗之外,均按丢失处理。货物全批灭失、件数短少、包装破损、内品短少的,按丢失处理。货车破封不能一概视为被盗,是否被盗还是要看货物是否有被盗痕迹。

没有货物损失的办理差错、误运送等,只按该规则规定的程序办理,但不列入"其他"类货物损失。

变质属于"损坏"范畴。

四、货物损失等级

货物损失分为4级:
(1)一级损失。货物损失款额(以下简称损失款额)为10万元以上。
(2)二级损失。损失款额为1万元以上未满10万元。
(3)三级损失。损失款额为1000元以上未满1万元。
(4)轻微损失。损失款额未满1000元。

货物损失等级的划分是以货物损失款额来确定的,"货物损失款额"是指直接损失款额,包括税款、包装费用和已发生的运费。

任务2　货物损失记录的种类和编制

为正确、及时地处理损失，判明损失真相，分析原因，划清责任，须根据不同的情况分别编制相应的记录。

知识点1　货物损失记录的种类

货物损失记录分为货运记录和普通记录两种。

货运记录(见表4-1)为一页绿色 A4 纸(货主页)和一页白色 A4 纸(存查页)。普通记录(见表4-2)每组一式两页，第一页为编制单位存查页，第二页为交给接方的证明页。

货　运　记　录　　　　　　　　　表4-1
(_____)

No _____

```
补充编制货运记录时记人补充_____局_____站所编第_____号_____记录
一、一般情况：
办理种别_____运单号码_____于_____年_____月_____日承运
发　　站_____发局_____托运人_____装车单位_____
到　　站_____到局_____收货人_____卸车单位_____
车种车型_____车号_____标重_____t
_____年_____月_____日 第_____次列车到达_____年_____月_____日_____时_____分卸车_____年
_____月_____日_____时_____分卸完
封印：施封单位_____/_____施封号码_____/_____
篷布：篷布号码_____保价/保险_____货物价格_____元
二、货损情况：
```

项目	货物名称	件数	包装	重量(kg)		托运人记载事项
				托运人	承运人	
票据原记载						
按照实际						
货物损失详细情况						

```
三、参加人签章：
　　　　车站负责人_____编制人_____审核人_____
　　　　公安人员_____收货人_____其他人员_____
四、附件：
　　　　1.普通记录_____页　2.封印_____个　3.其他_____
五、交付货物时收货人意见_____
　　　　　　　　　　　　　年　　月　　日 货运记录(货主页)已交由_____领取。
年　　月　　日编制　　　　××铁路局　　　　　　　　　　　××车站(章)
```

普通记录 　　　　　　　　　　　　　　　　　　表 4-2

No. ＿＿＿＿＿＿

| 发站＿＿＿＿＿　发局＿＿＿＿＿　托运人＿＿＿＿＿＿＿．|
| 到站＿＿＿＿＿　到局＿＿＿＿＿　收货人＿＿＿＿＿＿＿．|
| 运单号码＿＿＿＿＿＿＿　车种车型＿＿＿＿＿　车号＿＿＿＿＿＿．|
| 货物名称＿＿＿＿＿＿＿＿＿＿＿＿＿＿＿＿＿＿＿＿＿．|
| 于＿＿年＿＿月＿＿日＿＿时＿＿分第＿＿＿＿＿次列车到达 |

发生的事实情况或车辆技术状态	新车号		新施封号	
				厂修
				段修
				辅检

参加人员：　　　　　单位戳记
车　　站：
车 辆 段：
其　　他：

　　　　　　　　　　　　　　　　　　　　　年　月　日

注：1. 带号码的普通记录，编制单位打印存查，接方打印留存作为证明。
　　2. 普通记录号码由系统自动生成。

　　货运记录和普通记录号码均由铁路局编印。货物损失报告只限于抄件或货运员发现货物损失时作报告用。

　　货运记录和普通记录用纸均应建立请领、发放、使用制度。

　　车站必须按统一顺号连续使用记录用纸，并按编制日期和号码顺序登记。涉及货物快运的还应在货运记录左上角加盖"货物快运专用"戳记。

知识点 2　货运记录的编制

一、货运记录的作用

　　《合同法》和《铁路法》规定，货物在运输过程中发生灭失、短少、变质、污染或者损坏时，责任一方要承担赔偿责任。因此，铁路作为承运的一方，托运人、收货人作为托运的一方，一旦发生经济纠纷，货运记录就是起法律效用的证明文件。

　　货运记录是划分责任、提出赔偿要求的依据，既是托运人内部各单位间，也是承运人与托运人、收货人间划分责任的依据，同时也是承运人与托运人、收货人间相互提出赔偿要求的依据。

　　从各种记录中可以了解货运工作质量，还可根据记录内容进行综合分析，找出某一时期货物运输工作中的薄弱环节和货物损失发生规律及主要原因，以便提出防范对策，制订安全措施。记录是货物损失情况的真实写照,是文字式的照片,是证明货物损失发生情况的原始材料,是货物损失的档案。因此,必须对货运记录工作予以高度重视,严肃、认真地对待货运记录的编制工作。

二、货运记录的适用范围

货运记录可作为货物发生损失时的证明。货物在铁路运输过程中发生货物损失时,车站均应在发现次日内使用铁路保价运输管理系统编制货运记录。但列车有货运列车长时,如装车时间紧张,可在物品清单(或交接凭证)中记明货物损失情况,由卸车站编制货运记录。遇到下列情况时也应编制货运记录:

(1)发生《货规》及其引申规则办法中所规定的需要编制的情况时。
(2)自备篷布、自备集装箱在运输途中发生损失时。
(3)一批货物中的部分货物补送或损失货物及误运送货物回送时。
(4)发现无票据、无标记、无法交付货物和公安机关查获铁路运输中被盗的货物以及公安机关缴回的赃款移交车站时,沿途拾得的铁路运输货物交给车站处理时。
(5)托运人组织装车,收货人组织卸车,货车施封良好,篷布苫盖和敞车、平车、砂石车货物装载外观无异状,收货人提出货物有损失,经承运人确认时。
(6)集装箱运输的货物,箱体完整、施封良好,收货人提出货物有损失,经承运人确认时。

三、货运记录的编制要求

货运记录由车站货运安全员编制。编制记录中要如实记载货物损失及有关方面的当时状况,不得在记录中做损失责任的结论,记录各栏应逐项填记。

1. 一般要求

编制货运记录要严肃认真,如实记载事故货物及有关方面的当时状况,不得虚构、假想和臆测,也不得在记录中做事故责任的结论以体现记录的真实性和准确性。记录用词必须准确、简练、明了,不能用揣测、笼统、含糊的词句。记录要能客观地反映出事故发生的原因和事故责任,使事故处理能够"原因明、定责准、结案快"。

货运记录各项应逐项填记。

"一般情况"栏,应根据运单及票据封套记载到达车次、实际作业时间,并逐项填记。

"票据原记载"栏,应按事故货物运单记载事项详细填写,如有货无票可填记"无票"字样。

"按照实际"栏,应按货物实际情况填写,凡经检斤的货物应在"重量"栏内加以注明。货物损失实际重量时,应对发生损失的货物和完整货物分别进行检斤,中途站只对成件货物中的损失货物进行检斤,填入记录的"按照实际"栏内。如有票无货,可填写"无货"字样。

"货物损失详细情况"栏,应记明以下内容:
(1)车辆来源及货运检查情况(货车车体、门窗、施封、篷布苫盖等情况)。
(2)事故货件的真实状态和损失程度。
(3)货物包装、装载状态、装载位置和周围的情况。
(4)对事故货件的处理情况。

【例 4-1】 A 站发往 B 站整车桶装洗涤剂,共 900 件,根据表 4-1,编制货运记录中"货物损失详细情况"栏。

解：A 站发 B 站整车桶装洗涤剂,苫盖 D 型篷布 1 张,且篷布无异状,号码 7012345。送到卸车地点,会同收货人检查,车体完好,见该车运行后方顶部篷布有 1 处 4000mm 长破口,为新痕,会同公安、收货人共同卸车,见破口处相应货物凹陷,有(1500mm×3500mm×800mm)深坑,货物码放混乱。实卸货物 870 件,票记 900 件,不足 30 件。凹陷处可容不足件,车内卸空无残。保价 6 万元。要求赔偿 1800 元。

2. 重点要求

编制货运记录应记明车(箱)体、门窗、施封或篷布的情况,货物包装及装载加固状态,损失货物的装载位置、损失程度等。

货物损失涉及重量的,应对发生损失的货物和完整货物分别进行检斤,中途站只对成件货物中的损失货物进行检斤,填入记录的"按照实际"栏内。具体分述如下：

(1) 火灾

货车种类、编挂位置、牵引机车类型、邻车情况、起火部位、被烧货物装载位置,车辆防火板规格及技术状态,可能造成火灾的各种迹象。

货物在货场内存放时发生火灾,应记明仓库、雨棚、相邻设备及周围堆放货物等情况,货位原来堆放何种货物和火源等。

以上情况下均要记明火灾发生和扑灭的时间,被烧货物状态。

(2) 被盗和丢失

被盗货物装载或堆放位置,车(集装箱)内货物装载状态(是否装满),有无明显被盗痕迹,包装损坏状态,短少货物的具体品名、数量,涉及重量时应对货物进行检斤,并记明现有重量。

能否明显发现棚车车门已被开启。车窗处被盗丢失,应记明货物装于车窗位置以及该车窗锁闭状态。货车两侧或一侧上部施封时,应记明下部门扣是否损坏、施封的站名和号码。车门缝处货物被盗,应记明货物现状。

货物由敞车装载的,要记明表层货物现状和篷布、绳网苫盖状态。篷布、绳网有破口时,应记明破口位置、尺寸、新痕和破口处货物的现状。

货物由集装箱装载的,应记明现有数量或短少数量、箱号、箱体和箱门状态。

(3) 损坏

①货物的损坏程度、部位、尺寸、新痕,包装材质、储运图示标志,装载方法,货物码放位置,周围货物、衬垫情况及接触本批货物的车地板、端侧墙状态。

②货物破损变形应记明货物现状,与破损货物接触的货物有无窜动或冲撞痕迹,包装损坏状态、破损部位、内货固定及衬垫情况,加固材料质量、加固方法,包装上标明的装卸方式。

③货物变质应记明运单上货物的容许运输期限、实际运到时间及记事栏内容,货物包装、内部衬垫现状,货物堆码方式,变质货物位置、损失数量和程度。

④机械设备包装破损,底托带、支架立柱、横梁等有折断或变形,以及围衬材料破损、脱落、丢失,应对该处货物裸露部位表面进行检查,记明现状。

⑤湿损货物在货车或集装箱内的装载位置、湿损数量,可判明湿损程度时应记明湿损程度。货物由棚车、集装箱装运的,应记明车体或箱体不良部位、状态和尺寸,是否透光,定检

修单位和检修时间；敞车装运且苫盖篷布的，应记明货物装载状况、篷布质量、苫盖、绳索捆绑等情况，篷布所属单位。

⑥机械冷藏车装运的货物应记明车内外温度、货物温度，车门胶条密封、包装及内部衬垫现状。乘务员出具的普通记录证明和机械冷藏车作业单作为附件。

⑦货物被污染应记明污染物（源）名称、位置、面积、包装情况，污染物（源）与被污染货物距离，被污染货物的数量和程度，车内外是否贴有"洗刷除污"标签及车内清洁、衬垫情况。

丢失货运记录   表4-3
沈 阳 铁 路 局
货 运 记 录   No.0010110
（   页）

补充编制记录时记入 补充_____局_____站_____年_____月_____日
                    所编第_____号_____记录
一、一般情况：
办理种别 __整车__ 货票号码 __A030998__ 运输号码 __6208__ 于××年××月××日承运
发站 __M__   发局 __成__   托运人××   装车单位××
到站 __J__   到局 __沈__   收货人××   卸车单位××
车种车型 __P60__ 车号 __30499119__ 标重 __60__ t ××年××月××日第44019次列车到达
××年××月××日××时××分开始卸车××月××日××时××分卸完
封印：施封单位S 施封号码F018858/018855
二、事故情况：

项目	货件名称	件数	包装	重量(kg)		托运人记载事项
				托运人	承运人	
票据原记载	电视机	204	纸箱	3000	3000	保价80万元
	影碟机	20	纸箱			
按照实际	电视机	196	纸箱		未检	
	影碟机	16	纸箱			
货物损失详细情况	M站发J站整车，货检列车两侧SX站补封2枚，封号018858、018855，有S站002156号普记在案，会同公安共同拆封开启车门，车门处有3m×2.5m×1m的空隙，上货3个高自码，实卸电视机196件，较运单记载204件不足8件，影碟机16件，较运单记载20件不足4件（每件影碟机4台），车门口处空隙可容短少货件。					

三、参加人签章：
车站负责人××   编制人××
公 安 人 员 ××   收货人××   其他人员××
四、附件：
  1. 普通记录抄 _1_ 页 2. 封印 _2_ 个 3. 其他_____
五、交付货物时收货人意见：_____
××年××月××日货运记录（货主页）已交由_____领取。

注：1. 收货人（或托运人）应在车站交给本记录的次日起180日内提出赔偿要求。
    2. 如须同时送一个以上单位调查时，可制成不带号码的抄件。

(4)集装货物

外部状态发生被盗、丢失、损坏可比照②、③项内容填记,还应记明集装用具状态,堆码方式。货物散落时,应检查清点并记明现有数量,若无法清点数量的可检斤,并记明全批货物的复查重量。集装货物拆盘(捆)卸车时,要对每盘(捆)件数进行清点。

(5)其他

票货分离应记明票据来源、票据记载内容或货物(车)来源,以及标记内容。对无标记的货物,应记明包装特征或具体货物品名、件数和重量。

误运送应记明判明误运送的依据,货物(车)的发站及正确到站。

到站卸车发现货物包装完整,件数相符,重量短少或多出,应按《货规》规定在货物运单内注明(见表4-3),交付时收货人提出检斤或指出包装有异状,经检斤发现重量不足或发现内品短少,编制货运记录,由到站调查处理。

勘察情况应如实记载,损失较大或难以判明责任时,要充分利用现代化设备(照相机、摄像机等)留存关键证据,为货物损失处理提供依据。

知识点3　普通记录的编制

一、普通记录的作用

普通记录(见表4-2)是货物在运输过程中发生换装、整理或在交接中需要划分责任以及依照其他规定需要编制时,当日车站按规定在货运站系统、货检系统、现车系统编制普通记录。普通记录可作为现状交接证明,它是一般证明文件,不能作为要求赔偿的依据。

二、普通记录的适用范围

普通记录作为现状交接证明,遇有下列情况之一,须在当日按批(车)编制普通记录:

(1)发生《货规》《管规》及其引申规则办法中所规定需要编制的情况时。

(2)货物损失原因包括车辆技术状态时。

(3)货车发生换装整理时。

(4)集装箱封印失效、丢失或封印站名、号码与票据记载不一致或未按规定使用施封锁时。

(5)货物运单、货票、货车装载清单上有记载,记载内容发生涂改或被划掉未加盖带有单位名称的负责人名章时。

(6)卸车(换装)发现货物件数较票据记载多出时。

(7)依据其他有关规定,需要证明时。

在办理货运检查交接作业时发现问题,按规定拍发的交接电报应视为普通记录。

三、普通记录的编制要求

1.一般要求

编制普通记录要严肃认真,如实记载有关情况。无运转列车长值乘的列车,接方进行货运检查发现问题后,按规定拍发的电报应作为有列车长值乘时交方出具的普通记录。

2. 重点要求

应记明交接时货车车体、门窗、施封或篷布、绳网的现状，货物包装及装载加固状态。

（1）货车封印失效、丢失、封印站名或号码无法辨认时，应记明丢失、失效和无法辨认的站名或号码的具体情况。

（2）封印的站名或号码与票据、封套或补封记录记载不符时，应记明封印实际的站名或号码。

（3）货物运单与货票记载不符，而货物运单记载情况与货物相符时，应记明具体情况。

（4）施封的货车未在票据或封套上记明施封号码时，应记明现车施封状况。

（5）车辆技术状态不良时，应记明车种、车型、车号和车辆不良的具体情况，检修单位名称及年月。

（6）发现货车两侧或一侧上部施封时，应记明下部门扣是否已损坏。

（7）棚车车体及集装箱专用车、平车装运的集装箱箱体发生损坏时，应记明损坏位置、尺寸、新痕旧痕和箱号。

站车交接中发现的问题按规定拍发电报。电报内容除包括普通记录反映的情况外还应记明列车的车次及到达时间，货车的车种、车号，以及发现的问题的简要处理情况（见表4-4）。

补封普通记录　　　　　　　表4-4

×　×　铁　路　局

普　通　记　录

第_____次列车在_____站与_____站间※

发站　M　　　发局　成　　　托运人××

到站　J　　　到局　沈　　　收货人××

货票号码 A030998　　车种车型 P_{60}　　车号 3049119

货物名称　　　　　　电视机

于××年××月××日××时××分第11047次列车到达

发生的事实情况或车辆技术状态：

　　该车两侧无封，票记079601/079602封2枚，我站分别补018858/018855，电报声明。

厂修	
段修	
辅检	轴检

参加人员（姓名单位戳记）：
车站
列车段
车辆段
其他　　　　　　　　　　　　　　　　　　　　　　年　月　日

注：1. 带号码的普通记录每组一式两页，第1页为编制单位存查页，第2页为证明页，交给接方（包括收货人）。不带号码的普通记录只限作抄件用。

2. 普通记录号码由铁路局或分局编印掌握。

3. 如换装整理或其他需要调查时，应作抄件送查责任单位。

4. ※表示列车长在列车内编制时填写。

任务3　货物损失处理作业

知识点4　货物损失处理程序

货物损失处理作业包括事故发现和现场处理、事故调查与定责、事故赔偿与诉讼、事故分析与统计及无法交付货物和无标记事故货物（简称两无货物）的处理。

一、处理程序

货物损失处理作业程序如下：

1. 事故发现和现场处理程序

抢救处理→事故报告→事故勘查→货物清理→收集资料→编制不带号码货运记录。

2. 事故调查与定责程序

现场核实→编制货运记录→确定事故等级→拍发事故速报→查询→答复→原因和损失鉴定→事故分析→划分责任承运人与托运人和收货人间责任→划分承运人内部责任。

3. 事故赔偿与诉讼程序

审核资格→审核资料→赔偿与清算→诉讼。

4. 事故分析与统计程序

分析→统计。

5. 无法交付货物和无标记事故货物的处理程序

编制记录→收集保管→查询及处理→报批变卖。

事故处理的详细作业内容和要求可参见《铁路货运事故处理作业》和货物损失处理作业程序图，如图4-1所示。

二、处理原则

运输过程中发生货物损失时，应使用"铁路保价运输管理系统"编制货运记录。铁路货物损失处理工作应贯彻预防为主、及时处置、优质服务的方针。货物发生损失时，应本着对托运人和收货人负责的原则，积极抢救，采取保护措施，尽量减少损失。对货物损失发生的原因和责任认定，必须调查研究，查清事实，根据国家法律、行政法规及总公司的有关规定进行处理。

对于承运人责任明确的货物损失，应首先对外赔付，后划分铁路内部责任，做到主动、及时、真实、合理。

整列一票运输的货物发生扣车，处理站在铁路货检安全监控与管理系统（以下简称"货检系统"）、货运站系统或现车系统车务票据平台内编制电子普通记录，打印后附纸质票据随车传递。

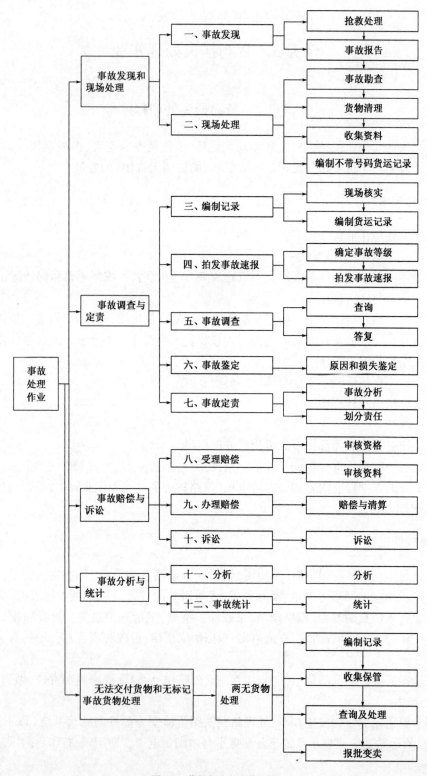

图 4-1　货物损失处理作业图

知识点5　货物损失报告与勘查

一、货物损失报告与勘查流程

车站工作人员发现货物损失后,应保护好现场,立即向车站负责人和货运安全员报告。接到报告后,车站负责人应组织有关货运人员立即赶赴现场进行货物损失勘查、清理、资料收集并编制货物损失报告(用不带号码的货运记录代替,下同)。必要时通知托运人或收货人(指因特殊原因货物无法继运、对货物进行处置等情况,需要征得托运人或收货人意见时,应通知对方)。

物流企业(包括铁路物流企业或铁路运输企业委托的社会物流企业,下同)在接取送达过程中发现货物损失时,应由物流企业相关人员对货物的损失情况拍照留存,并编制货物损失报告,将报告交车站(损失货物照片是编制货物损失报告的唯一实证,应和货物损失报告一并保存)。

发现货物被盗、发生火灾等情况时,发现单位(人)应立即向公安、消防部门报案。货物损失涉及铁路交通事故的,应通知铁路局列车调度、安全监督管理部门;涉及车辆技术状态的,应通知车辆部门;涉及食品污染变质的,应通知防疫、检疫部门;涉及已投保货物运输险的货物,必要时应通知保险公司;涉及海关监管的货物,应通知海关监管部门;涉及环境污染的货物,应通知环保部门;必要时还应通知托运人(收货人)。

货物损失按下列情况重点勘查:

1. 火灾

(1)货车火灾:查明货车种类、编挂位置、邻车情况、牵引机车类型、起火部位、被烧货物装载位置,车辆防火板规格及技术状态,可能造成火灾的各种迹象。

(2)货场火灾:应记明仓库、雨棚、相邻设备及周围堆放货物等情况,货位原来堆放何种货物和火源等。

以上情况均要记明火灾发生和扑灭的时间,被烧货物状态。

2. 被盗

(1)车、集装箱(以下简称箱)内货物被盗:查明列车车次、到达时间、编挂位置;查看车(箱)体状态、施封状态、货物装载现状。

(2)货场内货物被盗:查明货物入库(区)时间、作业班组、作业货运员及货运员在库区的交接情况。

3. 丢失

(1)车(箱)内货物丢失:查明列车车次、到达时间、开始作业和卸车完成时间,检查车辆、施封状态、货物装载现状。

(2)货场内货物丢失:查明货物入库(区)、卸车时间、卸车班组、货运员、库区货运员的交接情况、货物码放位置及相邻货物进出库情况等。

4. 损坏

(1)查明破损货物的损坏程度、部位、数量、包装、衬垫、破口尺寸、堆码以及车(箱)状态、篷布状态等现状。

(2) 查明变质货物位置及损失程度、数量；机械冷藏车乘务员出具的普通记录和机械冷藏车作业单；运单上货物的容许运输期限、记事栏相关内容及标记，货物包装堆码方式。

(3) 查明被污染货物损失程度、数量，车内污染物(源)名称、位置、面积、包装情况，污染物(源)与被污染货物距离，被污染货物的数量和污染程度。

上述情形以外的其他货物损失视具体情况进行勘查。

【例 4-2】 案例分析

乌北站 4 月 8 日承运到南平站整车棉花 1 车，车号 $P_{61}3064221$ 票号 81563，堆装，保价 20 万元，施封两枚 15401、15402，封锁于 4 月 9 日挂出；该车 4 月 17 日 3 时 20 分到达南平站，3 时 40 分发现从车门一侧隙缝中向外冒烟，经报警后由地方消防部门及时施救。此次火灾导致货物损失 50% 以上，当日到站拍发 51 号货运事故速报主送装车站调查；4 月 20 日乌北站派员至南平站事故现场。问：

(1) 乌北站接到速报后应做哪些工作？

(2) 货运部门对事故现场的勘察和调查的主要内容是什么？

解：(1) 乌北站接到事故速报后应立即召集监装货运员、装车工组及有关人员参加事故调查会议；全面检查事故车的在关托运和承运、装车作业资料和台账；联系托运人确认货物质量和运输条件；向铁路局汇报情况及意见；答复来电单位并将相关信息抄送至有关单位。

(2) 事故现场勘察和调查的主要内容：

① 该车两枚施封锁是否齐全，拆封是否规范；

② 货物损失程度；

③ 车体门、窗扣、锁、销状况；定、检、修期限、单位；车底板接缝隙尺寸；

④ 车内起火部位；

⑤ 车底防火板长、宽、厚；

⑥ 货车到达、作业时间及地点；

⑦ 灾情发现时间、扑来时间及地点；

⑧ 灾情发现人的情况报告(书面或笔录)；

⑨ 施救措施是否得当、残留货物是否妥善保管。

二、货物损失速报

发现火灾，罐车装运的压缩气体、液化气体泄漏，剧毒品、放射性物品被盗丢失以及估计损失款额达到一级损失时，应在 1h 内逐级报告，并在 24h 内向有关车站、直属站段、铁路局以电报形式拍发"货物损失速报"，并将其抄送总公司运输局。

货物损失速报内容如下：

(1) 损失等级、种类。

(2) 发现损失的时间、地点。

(3) 发站、到站、品名、承运日期。

(4) 车种、车型、车号、货票号码、办理种别、保价或保险金额(金额前注明"保价"或"保险"字样)。

(5)损失概要。

(6)对有关单位的要求。

拍发速报时,在电文(见表4-5)首部冠以"货物损失速报"字样,(一)至(六)项为各项代号。速报由车站主管领导审核签发。

拍发货物损失速报 表4-5

铁路传真电报

签发:　　核稿:　　拟稿人:　　电话:

发报电名	电报号码	等　级	受理日	时　分	收到日	时　分	值机员

主送:A站、××车务段、××铁路局
抄送:铁路总公司

货物损失速报

① 一级。丢失。
② ××年3月20日B站。
③ A站,B站,发电机组,××年3月15日。
④ P_{60}3100124,78335,整车,保价55万元。
⑤ 卸车发现上记有票无货,详见B站08号货运记录。
⑥ 望A站提出处理意见。

B站第××号电
××年3月20日

三、货物发生损失的鉴定

货物发生损失需要鉴定时,按《货规》规定办理。交付前车站应会同收货人(托运人)或物流企业进行检查确认,必要时邀请有鉴定能力的第三方进行鉴定。损失鉴定应在发现站现场就地进行,现场难以鉴定时,与收货人(托运人)协商并征得其同意后,可以将货物移至适当的场地进行鉴定。

货物损失鉴定书(见附录中的附表6)应加盖处理站货物损失处理专用章或单位公章,参加人员应签字或盖章,第三方参加鉴定的,还须加盖鉴定单位的印章或附货物损失鉴定报告。

车站组织货物损失鉴定时应由货运负责人、货物损失处理人员等(2人以上)参加鉴定。损失货物鉴定时,应按批编制"货物损失鉴定书"。

鉴定一般应自编制货运记录之日起10日内完成,以"货物损失查复书"(以下简称"查复书")通知送有关单位。情况特殊需要延期时,应以查复书或电报说明原因并通知有关单位,但最长不得超过30日。

鉴定所支出的费用(包括整理、化验等费用),应在货物损失鉴定书中记明。属于收货人(托运人)责任的,由收货人(托运人)支付;属于承运人责任的,由责任单位承担。

四、货物损失报告的处理

货物损失报告由货运员或负责接取送达的物流企业相关人员在发现货物损失当日编制。编制货物损失报告时应根据现场勘查情况,如实记载损失货物及有关方面的当时状况,填写字体要工整清晰,项目各栏填写齐全,并须编制人本人签字。

货物损失报告由货运值班员审核签字后，连同收集的施封锁、现场照片等相关资料，一并交货运安全员处理。

货运安全员接到货物损失报告后，要核实货物损失报告各栏填写是否齐全、正确，相关资料是否齐全，必要时，要到现场核对损失的货物。

知识点6　货物损失的调查处理

一、调查

车站发现货物损失或办理差错，除按规定编制记录外，还应自发现之日起3日内以查复书形式，通过系统对货物损失的原因和责任进行调查，必要时可派人外出调查。但交接责任明确的货物损失，可不进行调查。

系统发生软、硬件故障，无法正常工作时，应由其主管直属站段负责处理。

二、调查所需资料的内容

调查所需资料文档应一次性使用数码相机、扫描仪等设备录制电子文档，在系统内加载，主要包括以下内容：

(1)运单票据存根联、站车交接电报、普通记录。

(2)货物被盗、丢失，货票未附物品清单时，车站检查的现有货物数量和包装特征的清单。

(3)分析责任所需的运输票据封套、装载清单、封印照片。

(4)其他有关资料(可按需要后附)，车辆技术状态检查记录、货物损失鉴定书、货物损失现场照片等。

一辆货车内多批货物发生损失时，上述资料应分别录制并加载。

三、车站接到调查材料后的办理规定

车站接到调查材料后，应核对记录、附件是否齐全、正确，接到的纸质速报和查询电报，应于当日在收件上加盖收文日期戳记，登记于"货物损失(记录、调查、赔偿)登记簿"内，并按以下规定办理：

(1)初次接到调查记录，如果核对所附材料不符合《铁路货物损失处理规则(试行)》要求而影响调查时，应一次提出，自接到记录之日起3日内以查复书要求处理站补充材料。

(2)调查记录如果有误到情况，应自接到之日起次日内以查复书告知处理站。

(3)属于自站责任的，自接到记录之日起3日内以查复书答复送查站，告知发、到站。在已明确为自站责任，但还需要向有关单位索取补充材料，了解货物损失、下落或到达交付情况时，应以查复书要求处理站补充相关资料。

(4)属于他站责任的，以查复书说明理由和根据，自收到货运记录之日起3日内答复处理站，并抄送发、到站和有关单位。货物损失等级为一级损失的，应抄报主管铁路局。

(5)因情况复杂，责任站不能在《铁路货物损失处理规则(试行)》规定期限内调查答复(包括要求暂缓赔偿的)，需要延期时，应提前提出理由，告知发、到站(铁路局)。但此项延期自收到记录之日起，最多不得超过30日。

四、对编制记录的处理

车站必须按统一顺号使用货运记录用纸,并按编制日期和号码顺序登入"货物损失(记录、调查、赔偿)登记簿"内,以便立案、调查和保管。如果涉及货物快运,还应在货运记录左上角加盖"货物快运专用"戳记。其处理方法可按编制记录的发站、中途站、到站三种情况进行处理。

1. 发站编制的记录

发站编制的记录,如货物损失查复书(见表 4-6)由发站负责处理。

货物损失查复书　　　　　　　　　　　　　　　　　　　　　　表 4-6

货物损失查复书					
主送:	抄送:	第　　号			
记录编制站		记录编制日期		办理种别	
记录号码		车种车型车号		货票号码	
发站		到站		品名	
损失种类		保价(险)金额		货物损失款额/全批价值	

_____单位)_____年_____月_____日查复书接悉

(印章)
　　　　年　月　日

附件:1.货运记录_____页　2.普通记录_____页
　　　3.封　印_____个　4.其　他_____页
规格:A4 竖印

如确实无法联系托运人时,应将货运记录(货主页)随同运输票据送到站处理,同时以"货物损失查复书"(以下简称"查复书")告知到站。

2. 中途站编制的记录

中途站编制的货运记录(货主页)随同运输票据或货物送到站处理,同时以查复书告知发、到站。

(1)自站责任的货运记录(货主页)随同运输票据或货物送到站处理。

(2)他站责任的记录应自编制记录之日起 3 日内将相关材料送有关站调查,货运记录(货主页)随同运输票据或货物送到站处理;一批货物中部分货物发生损失时,应拴挂"损失货物标签"(见图 4-2)继运至到站。发生损失的货物继运至到站前应采取防护措施避免扩大损失。

图 4-2 损失货物标签

(3)发生火灾、货物变质、活动物死亡、气体类危险货物泄漏、剧毒品、爆炸品、放射性物品被盗或丢失,货物损失能在发现站处理的,发现站应积极处理;不能在发现站处理的,货运记录(货主页)随同运输票据送到站处理,但发现站负责查明原因。

3. 到站编制的记录

到站编制的货运记录(货主页)应及时交给收货人。如有发站或中途站编制的记录,卸车时应按照记录记载的情况,认真核对现货,情况相符时,不再编制记录,及时将记录交给收货人;情况不符时,应重新编制记录并交收货人,原记录留存。

(1)自站责任的记录向发站调查承装情况。

(2)他站责任的记录及相关资料送有关站调查。

(3)货运记录送查后,件数不足的货物补送齐全,在向收货人补交时应收回货运记录(货主页),并及时通知有关站结案。

货物发生损坏或部分灭失需要鉴定时,按《货规》有关规定办理(第49条第4款有关鉴定的规定)。鉴定后,将鉴定材料补送责任站。鉴定期限从编制记录之日起,不应超过30日,特殊情况除外。

五、铁路局接到损失调查报告的处理

发现货物一级损失,发现铁路局应立即深入现场组织处理。涉及他局责任时,自拍发货物损失速报之日起10日内,邀请有关铁路局参加处理,召开分析会,做出会议纪要。

有关铁路局接到货物损失速报后,应组织调查,并按发现铁路局通知的开会日期参加分析会,签署会议纪要。各责任铁路局对损失责任划分意见一致时,由发现铁路局将会议纪要连同有关调查材料送至铁路局;各责任铁路局对损失责任划分意见有分歧时,应在会议纪要内阐明各自意见。

有关铁路局拒不参加分析会或中途擅离会议,不签署会议纪要,则该铁路局对分析会确定的责任不得提出异议。

涉及托运人、收货人责任和铁路局以外其他部门(包括社会物流企业)责任时,由到站(铁路局)处理,有关站(铁路局)积极配合。

六、货物损失责任划分

货物损失责任的划分应以事实为根据、规章为准绳。

损失原因清楚,责任判定应以事实为主。在查明货物损失情况和原因的基础上,要依据《合同法》《铁路法》《货规》等国家法律和行政法规,划分承运人与托运人、收货人的责任。

造成货物损失的责任属于承运人时,承运人要主动承担责任,积极做好货物损失理赔服务工作。

货物损失因不可抗力、货物本身自然性质或合理损耗,托运人、收货人或押运人过错时,承运人要积极配合托运人、收货人进行妥善处理。

造成货物损失的责任属于承运人以外的社会物流企业等时,承运人也应主动先行赔偿,再按照有关协议向责任单位清算。

由于托运人、收货人责任或押运人过错使铁路运输工具、设备或第三方的货物发生损失时,托运人、收货人应承担赔偿责任。

货物损失的发生既有托运人、收货人责任,又有承运人责任时,双方分别承担相应责任。

铁路内部各单位之间货物损失责任划分,应以《铁路内部货物损失责任划分办法》中的相关规定确定,并根据不同情况,参照有关规章妥善处理。

遇到下列情况,承运人不负赔偿责任:

①不可抗力;②货物本身性质引起的碎裂、生锈、减量、变质或自燃等;③货物的合理耗损;④货物包装的缺陷,承运时无法从外部发现或未按国家规定在货物上标明包装储运图示标志;⑤托运人自装的货物,加固材料不符合承运人规定条件或违反装载规定,交接时无法发现的;⑥押运人未采取保证货物安全的措施;⑦托运人或收货人的其他责任。

七、货物损失的统计与资料保管

1. 货物损失的统计

(1)统计原则

站、直属站段、铁路局对于货物损失的责任(无论是否发生赔款),均须逐件统计。

(2)统计时间

货物损失按结案日期统计上报。上级裁定的,于接到裁定批复的当月统计。铁路局、直属站段根据"货物损失赔(补)偿通知书"(以下简称"赔通")和定责通知书,检查督促管内各单位及时统计、上报。

(3)统计方法

①货物损失统计以一批作为一件。但由于自然灾害、火灾、行车原因,在同一车站(区间)、同一列车内、同一时间发生的多批货物损失应按一件统计,其损失等级按损失款额总和确定。

②一件损失由几个责任单位共同承担时,货物损失件数由主要责任单位统计;无主要责任单位的,除另有规定者外,按造成货物损失的车站顺序,由第一个责任单位统计。

③由于货运责任造成的行车事故或非货运责任的行车事故而造成10万元以上的货物损失时,应统计货物损失件数。非货运责任行车重大、大事故造成货运损失时,不再统计货物损失件数。

④因托运人、收货人责任或押运人过错使铁路运输工具、设备或第三者的货物发生损失时,分别由发站、到站统计货物损失件数,责任部门列"其他路外"。

⑤货物在接取时发生的责任货物损失,由发站统计;货物在送达时发生的责任货物损失,由到站统计;责任部门列"接送"。货物承运前和交付后仍在车站仓储或货物在车站仓储时发生的责任货物损失,由提供仓储服务的车站统计,责任部门列"货运"。

2. 非过失责任与过失责任

(1)非过失责任,指按《铁路法》规定,属于承运人应赔偿的范围,但并非承运人的过失所造成的货物损失。下列情况均属非过失责任:

①货物在运输过程中被哄抢。

②在车站范围之外发生的货物被盗、丢失、损坏。

③非承运人过失引起的货场或列车火灾、爆炸、染毒。

④非承运人过失造成的货物湿损。

⑤由于铁路行车原因造成的货物损失。

⑥因自然灾害,易腐货物到达时超过容许运输期限而造成的腐坏。

⑦托运人派人押运的货物,既不是押运人责任又非承运人过失发生的火灾、染毒,导致货物损失。

⑧到站由收货人组织卸车的货物在货车交接时,集装箱门到门运输的货物在卸车时,发现封印失效、丢失,造成货物丢失或损坏。

⑨托运人以自备篷布苫盖货物,在运输途中自备篷布丢失、损坏及造成货物损失时。

⑩其他非承运人过失造成的但由承运人负责赔偿的货物损失。

(2)过失责任,指虽属上述情况但查明系承运人的直接过失造成的货物损失。

(3)统计车站、直属站段、铁路局应按月统计货物损失,于次月5日前填写"货物损失统计报告"和"货物损失综合统计分析报告表"。非过失责任的货物损失单独统计,在"货物损失统计报告"表的相应栏内画一斜线,分子表示过失责任,分母表示过失责任与非过失责任的合计数,无非过失责任时,斜线可省略。

车站、直属站段、铁路局应按季度、年度对货运安全情况进行总结分析并逐级上报。

3. 对过失责任货物损失的处理规定

对过失责任货物损失要严格按照"损失原因不查清不放过、损失责任者得不到处理不放过、整改措施不落实不放过、教训不吸取不放过"的原则,认真组织分析。属于二级、三级、轻微损失的货物损失,自接到记录之日起(自站发现的自发现之日起)10日内,由车站主管站长主持召开分析会确定责任部门,以"货物损失报告表"报告主管直属站段、铁路局;货物损失属于一级损失的,自责任明确之日起10日内,由责任铁路局主持召开管内货物损失责任分析会,并将结果报总公司运输局。

4. 货物损失的资料保管

货物损失调查材料应保持完整。按规定时间进行保管。

(1)保管单位

货物损失调查和赔偿材料分别由定责单位、责任单位和办理赔偿单位完整打印并加盖货物损失处理专用章或单位公章后留存。

(2)保管期限

①货物损失调查和赔偿材料,自结案的次年1月1日起,保管3年。

②车站对施封锁应建立使用去向登记制度。无论施封锁是否编有记录,卸车站均自卸车之日起保管180日后方可销毁。

【例4-3】 对例4-1进行货物损失统计。

解:由发站A负责统计事故件数。

【例4-4】 某站有2010年4月8日结案的一般事故资料一份,其中施封锁2枚(3月28日卸车),应如何保管?

解:各种记录、调查资料、赔偿材料须保管至2013年12月31日。施封锁需保管至2010年6月26日。

八、无法交付货物和无标记货物的处理

1. 无法交付货物

无法交付货物指承运人无法向正当收货人进行交付的货物,通常有两种情况:

(1)自承运人发出领货通知次日起(不能发送领货通知的,自卸车完毕的次日起),经过查找,满30日(搬家货物满60日)仍无人领取的货物。

(2)收货人拒领,托运人又未按规定期限提出处理意见的货物。

到站应做好货物到达后的催领和交付工作。收货人拒领时,应出具书面证明,到站自拒领之日起,3日内通知托运人和发站,征求处理意见,托运人自接到通知之日起,30日内未答复到站并提出处理意见的货物。

2. 无标记货物

无标记货物指因没有标记(货签)而无法判明发、到站及托运人、收货人,无法回送、交付的货物。

下列货物为无标记货物:

(1)清仓(库、区)、清扫车底时发现的无标记货物。

(2)在铁路沿线拣拾以及公安部门交给车站的无标记货物。

(3)赔偿后又找回但收货人拒领的货物。

(4)车站内散落的零件、货底以及其他无票、无标记的货物。

(5)损失赔偿后有价值的残存货物。

为防止无标记货物的产生,首先,要在发站做好承运前的货物检查工作,不符合规定的货物不能接收。其次,承运人要注重运输中各环节、各工种之间的交接验收,建立明确的运输票据和货物交接责任制,完善仓库、货区的管理制度。

两无货物的产生,会对国家、人民财产造成不必要的损失,因此,对两无货物的处理要抱着认真负责的态度,坚持"妥善保管、物归原主、合法移交、按章处理"的原则。

3. 无法交付货物和无标记货物的处理

(1)车站发现无法交付货物和无标记货物后,应于当日编制货运记录,核对现货、登记立卷,妥善保管。

(2)凡能判明发、到站的无标记货物,应拴挂"损失货物标签",凭货运记录向发站或到站回送,并填记于货车装载清单内;对不能判明发、到站或托运人、收货人的无标记货物,应在车站货运负责人、货运安全员等不少于3人的情况下进行开装检查,寻找正确交付的线索。

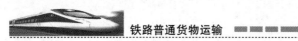

同时,编制物品清单,注明品名、包装特征、重量、发现日期和卸下车次等有关事项,自编制货运记录之日起3日内填写"无标记(无法交付)货物处理书"上报主管铁路局,并在系统内详细记载货物的件数、具体品名、包装及特征、内品数量、规格、尺寸、颜色、生产厂家及每件重量,同时应加载货物照片,以便各单位查找核对,尽可能将货物交与收货人或托运人,减少损失。

(3)车站不得将无标记货物交给个人取送或带送,不得自行用无标记货物顶替抵补属自站责任的丢失货物。

(4)发、到站收到他站回送的两无货物后,应核对现货、登记立卷,对照本站自编的调查货运记录和他站的调查货运记录。能判明收货人或托运人的,应联系收货人或托运人后处理;不能判明的,应填制"无标记(无法交付)货物处理书"上报主管铁路局。

(5)无标记货物交付收货人或托运人时,如原批编有货运记录,应在交付时收回货运记录结案。

(6)各直属站段应成立两无货物管理小组,指定专人负责管理,建立健全工作制度和岗位职责,做好两无货物的管理工作。车站应为两无货物的存放提供条件,对两无货物实行分区管理,隔离设置,编号单独存放,严格按照仓库安全管理要求,做好仓库设防工作,保证货物包装完整,做到账物相符,按照规定期限妥善保管。两无货物不得提前处理、不得隐瞒不报或私自处理,不得顶件运输、顶件交付。

(7)两无货物在保管期间发生损失时,参照本规则有关规定办理。车站应及时上报无标记货物,认真核对和查询答复,给外站调查人员提供工作方便。

(8)车站将"无标记(无法交付)货物处理书"上报铁路局,查找到货物的到站及收货人时,立即先用电话声明注销该项报告,然后按规定手续向到站回送。

铁路局自收到车站上报的"无标记(无法交付)货物处理书"后,满60日查找不到托运人或收货人时,应及时指定车站变卖"两无"货物。但军用品、危险品、国家禁止及限制运输的物品、机要文件和各种证件不得变卖,应移交公安机关或有关部门处理。

变卖款扣除有关搬运、保管、劳务、税费、变卖手续费等费用后,按规定由变卖车站上缴铁路局。

(9)货物运到期限满期后经过15天,或鲜活货物超过运到期限仍不能在到站交付货物时,车站应于当日编制货运记录交给收货人。运到期限满期后,经过30天,仍不能在到站交付货物时,托运人、收货人可按货物灭失向到站要求赔偿。在赔偿前,如货物运到时,车站应及时向收货人办理交付并收回货运记录。

任务4　货物保价运输

一、货物保价运输

保价运输即铁路运输企业与托运人共同确定的以托运人声明货物价值为基础的一种特殊运输方式,保价就是托运人向承运人声明其托运货物的实际价值。凡通过保价运输的货物,托运人除缴纳运输费用外,还要按照规定缴纳一定的保价费。

保价运输是铁路运输实行限额赔偿后为保证托运人、收货人合法权益,供托运人选择的一种赔偿制度。托运人根据自愿原则,可以办理保价运输,托运人做出这种选择后,承运人将承担相应的责任,承运人对已承运的货物自承运时起到交付时止发生的灭失、短少、变质、污染、损坏承担赔偿责任。

1. 保价运输办理条件

保价运输贯彻自愿原则,办理与否由托运人自主决定。托运人办理报价运输时,须在货物运单的"托运人记载事项"栏内注明"保价运输"字样,在"货物价格"栏内注明全批货物的实际价格,在缴纳运输费用的同时缴纳相应的货物保价费。须注意,保价必须全批保价,不能只保一批货物中的一部分,并且必须足额投保,只有足额投保才能获得足额赔偿。

保价率(见表4-7)不同的货物,作一批托运时,在货物运单上须分别填写货物品名和实际价格,保价费分别计算。

货物保价率表   表4-7

保价率	货 物 品 类
1‰	煤、焦炭、金属矿石(放射性矿石除外)、生铁、非金属矿石[云母、石墨、石棉、金刚石(砂)、刚玉、石油除外]、磷矿石、土、沙、石、石灰、泥土、色土、石料、水泥制品、煤矸石、灰渣、矿渣、炉渣、水渣、原木、木材(人造板材、装饰加工板除外)、锯材、板材、方材、枕木、木片、盐、金属制品、金属结构及其构件、钢、铁丝、金属紧固件、农业机具(养蜂器具及农业机械零配件除外)、农副产品(干花朵、花瓣、竹、藤、棕、草、芦苇、树条等类似材料制品、其他农副产品除外)、纸浆、课本、家具、日用杂品、衣箱、冰、水、动植物、残余物、饲料、特定集装化运输工具
2‰	钢锭、钢坯、钢材等及其制品、铁合金、云母、石墨、石棉、金刚石(砂)、刚玉、油石、其他水泥制品、耐火、耐酸、砖管、陶管、缸管、石棉制品、油毡、人造板材、粮食、化学肥料、铸铁管、瓦楞铁、金属接头、弯头、拆解的运输工具、工业机械、农业机械零配件、竹藤、棕草等类似材料制品、其他木材加工地副产品、油料、糖料、烟草、植物种子、食用植物油、其他材料制成的衣箱、家具、动物油脂、油渣
3‰	原油、放射性矿石、有色金属粉、石油套管、油管、其他有色金属、石制品、玻璃纤维及其制品、建筑陶瓷、耐火、耐酸制品、玻璃砖、瓦、棉花、化学农药、化工品(爆炸品、放射性物品、压缩气体和液化气体除外)、硫酸、盐酸、硝酸、树脂、塑料及其制品、油漆、涂料、颜料、燃料、金属制品、医疗器械、组成的各种运输工具、仪器、仪表元器件、衡器、量具、通信广播电视设备、洗衣机、其他日用电器、其他农业机具、养蜂器皿、蚕、蚕子、蚕茧、干花朵、花瓣、糖料、食品、腌酱菜、调味品及其他食品、其他饮料、其他烟草制品、纺织品、皮革、毛皮及其制品、纸及纸制品、医药品、搬家货物、行李、其他陶瓷制品及日用杂品、蒸馏水、鬃、马尾、茧壳、茧蛹、蚕沙
4‰	汽油、煤油、柴油、重油、润滑油、脂、有色金属及其合金、半导体材料、水泥、仪器仪表、量、钟表、定时器、食糖、干蔬菜、酒、卷烟、磁带、软磁带、唱片、暖水瓶、保温瓶(胆)、眼镜、陶瓷制的缸、钵、坛、瓦、盆、缸盆及缸砂制品、工艺品、展览品
6‰	爆炸品、放射性物品、压缩气体和液化气体、乐器、特定音像机器、特定调温电器、电子计算机及其外部设备、其他电子(电气)及器材、活禽、鲜冻肉及其部分产品、鲜冻水产品、其他鲜活货物(除盆景、盆花外)、干果籽实、子仁、果核、肉、蛋、奶制品、水产加工品、乐器、玻璃器皿及其他玻璃制品
10‰	活动物(蜜蜂除外)、鲜瓜果、盆景、盆花
15‰	玻璃、蜂蜜

注:1. 本表所列货物品类及代码,均以《铁路货物运价规则》附件"铁路货物运输品名分类与代码表"为准。
2. 保价费率分为五个基本级,两个特定级:一级为1‰,二级为2‰,三级为3‰,四级为4‰,五级为6‰,特六级为10‰,特七级为15‰。
3. 集装箱装运的货物,均按3‰(2431类按1‰)计算。
4. 冷藏车装运的需要制冷的货物,均按该货物保价费率的50%计算。
5. 超限货物均按该货物的保价费率加收50%计算。
6. 各铁路局结合管内具体情况,依本表规定费率可上下浮动。

保价率不同的货物合并填写时,应选择其中最高的保价费率。

保价运输货物变更到站后,保价运输仍然有效。货物发送前取消托运时,货物保价费应全部退还托运人。

2. 保价金额

全批货物的实际价格即为货物的保价金额。货物的实际价格是指货物在起运地的价格与税款、包装费和已发生的运输费用。

3. 保价费

保价运输时应按货物保价金额的一定比例缴纳保价费。

保价费 = 保价金额 × 适用的货物保价率

4. 保价标记

车站受理一批保价金额在50万元以上的整车、大型集装箱货物,一批保价金额在30万元以上的其他集装箱货物或一批保价金额在20万元以上的零担货物,应在货物运单、货物票据封套或货车装载清单上加盖"▲"戳记(或用红色书写),并在"列车编组顺序表"记事栏内注明"▲"字样。

5. 免责条款

承运人从承运货物时起,至将货物交付收货人时止,对保价货物发生的丢失、短少、变质、损坏承担赔偿责任。但由于下列原因造成的货物损失,承运人不承担赔偿责任:

(1)不可抗力。

(2)货物本身的自然属性或合理损耗。

(3)托运人、收货人或押运人的过错。

二、保价货物的赔偿

保价运输的货物发生损失时,按照实际损失赔偿,但最高不得超过保价金额。货物部分损失时,按损失货物占全批货物的比例乘以保价金额赔偿;预期未能偿付时,处理站应向赔偿要求人支付违约金。

符合补偿范围的保价货物在铁路运输过程中发生损失,经调查既不属于铁路承运人责任,又不是托运人、收货人以及押运人故意或过失行为造成的,铁路局可酌情对保价货物损失进行补偿。保价补偿范围包括:

(1)集装箱运输的货物;

(2)托运人、收货人自装卸的货物;

(3)有押运人的货物;

(4)因超过运到期限造成使用价值降低的货物;

(5)有其他特定条件的货物。

三、未保价货物的赔偿

未对进行保价的货物,不按件数只按重量承运的货物,每吨最高赔偿100元;按件数和重量承运的货物,每吨最高赔偿2000元;个人托运的搬家货物、行李每10kg最高赔偿30元。

实际损失低于上述赔偿限额时,按货物实际损失的金额赔偿。

自轮运转(包括企业自备或租用铁路)的铁道机车、车辆和轨道机械暂不办理保价运输。

四、铁路货物运输保险

铁路货物运输保险是我国保险事业的一个重要组成部分,是托运人以铁路装运的货物作为保险标的保险。货物发生保险责任范围内的损失时,由保险公司负责按规定进行赔偿,以补偿被保险货物在运输过程中因自然灾害和意外事故造成的意外损失。《铁路法》规定,托运人根据自愿原则,可以选择办理货物运输保险,也可以不办理货物运输保险。按哪种方式运输,由托运人确定,不得以任何方式强迫托运人办理货物运输保险。

货物运输保险由保险公司办理或铁路代办。对投保货物运输险的货物,承运人应在货物运单、货票"托运人记载事项"栏内加盖"已投保运输险,保险凭证×××号"戳记。托运人应在货物运单"货物价格"栏内,准确填写该批货物总价格,根据总价格确定保险总金额投保货物运输险。须注意,投保货物必须按批办理,不得只投保一批货物中的一部分。

投保货物运输险的货物在运输中发生损失,对于不属于铁路运输企业免责范围的,未按保价运输承运的货物,按照实际损失赔偿,但最高不得超过国务院铁路主管部门规定的赔偿限额;如果损失是铁路运输企业的故意或者重大过失造成的,不适用赔偿限额的规定,按照实际损失赔偿,由铁路运输企业承担赔偿责任。

属保险责任范围的损失,由保险公司按照实际损失,在保险金额内给予投保人补偿。

保险公司按照保险合同的约定向托运人或收货人现行赔付后,对于铁路运输企业应按货物实际损失承担赔偿责任的,保险公司按照支付的保险金额向铁路运输企业追偿,因不足额保险产生的实际损失与保险金的差额部分,由铁路运输企业赔偿;对于铁路运输企业应按限额承担赔偿责任的,在足额保险的情况下,保险公司向铁路运输企业的追偿额为铁路运输企业的赔偿限额,在不足额保险的情况下,保险公司向铁路运输企业的追偿额为在铁路运输企业的赔偿限额内按照投保金额与货物实际价值的比例计算,因不足额保险产生铁路运输企业的赔偿限额与保险公司在限额内追偿额的差额部分,由铁路运输企业赔偿。

既有保险又保价的货物在运输中发生损失,对不属于铁路运输企业免责范围内的,按照实际损失赔偿,但最高不能超过保价额,由铁路运输企业承担赔偿责任。对于保险公司先行赔付的货物损失,按保险货物损失的实际数额赔偿处理。

 拓展知识

铁路内部货物损失责任划分办法

铁路内部各单位之间货物损失责任划分,应以《铁路货物损失处理规则(试行)》第二十八条规定的原则确定,并根据不同情况,参照有关规章妥善处理。

铁路内部责任确定后,由定责单位填写查复书并下达"货物损失定责通知书"(以下简称"定责通知书"),送主管铁路局、责任铁路局、责任单位和发、到站及有关单位。查复书的内容应包含定责意见及定责依据。

凡按规定权限定责的货物损失,责任站(铁路局)必须尊重定责意见。

对承运人责任明确的货物损失处理要坚持快速调查、快速定责。自货物损失发现之日起,轻微、三级损失处理期限最长不超过10日;二级、一级损失处理期限最长不得超过30日。

若托运人或收货人在法定有效期间内提出赔偿要求,则以办理完赔偿手续并下达定则通知书时间为结案时间;超过法定有效期限,托运人或收货人未提出赔偿要求,则自然结案;由上级或到达铁路局裁定的,以接到裁定批复时间为结案时间;经调查确认非承运人责任的,以调查确认时间为结案时间。结案后,调查单位应将结案情况告知相关单位。

责任单位收到定责通知书后,应于10日内确定责任部门,若超过30日仍不能确定责任部门,则列货运部门责任(系统默认)。若定责单位超过规定时间不调查、不定责,列本单位货运部门责任。

1. 赔偿责任

承运人在铁路运输过程中(自铁路运输企业接收货物时起,至将货物交付收货人时止)对货物发生灭失、短少或者损坏负赔偿责任。

在运输途中发生的火灾、货物变质、活动物死亡等情况就地处理时,经与托运人、收货人协商同意,可由发现站受理,并通知发、到站。

对承运人责任明确的货物损失,收货人或托运人向到站或发站提出赔偿要求时,到站或发站均应受理。涉及物流外包业务的,由签约单位按合同约定指定车站受理。委托他人办理时,应由收货人或托运人出具委托书、委托人和被委托人的身份证明复印件和联系方式。

2. 免责条件

由于下列原因之一所造成的货物灭失、损坏,承运人不承担赔偿责任。

(1) 不可抗力。

(2) 货物本身的自然属性或合理损耗。

(3) 托运人、收货人或押运人的过错

由于托运人、收货人的责任或押运人的过错使铁路运输工具、设备或第三者的货物发生损失时,托运人或收货人应负赔偿责任。

3. 赔偿要求的受理

受理赔偿要求时,应审核赔偿要求人的权利、权利有效期限、"赔偿要求书"内容,以及规定的证明文件[货物运单原件或快运货票戊联、货运记录(货主页)原件以及与货物损失有关的其他资料]。审核无误后,在"赔偿要求书"收据上加盖货物损失处理专用章或受理车站公章,并将其交给赔偿要求人。

通过铁路货运电子商务系统网上受理客户提出的赔偿要求时,经受理站审核后,需将受理情况以"客户通知书"通过铁路货运电子商务系统告知客户。

对非承运人责任的保价货物损失,收货人或托运人向到站或发站提出补偿要求时,比照赔偿程序受理。

车站受理的以及铁路局接到的赔偿案件,应按顺序登入"货物损失(记录、调查、赔偿)登记簿"内。

4. 其他情况的处理

车站上报直属站段、铁路局的赔偿资料,经审核确定不属于铁路责任时,直属站段、铁路局应说明理由与根据,告知受理站,受理站以盖有货物损失处理专用章或单位公章的函件答复赔偿要求人,同时将全部赔偿材料(赔偿要求书除外)复印留存后退还赔偿要求人,并告知有关单位。

赔偿要求人向法院提起的诉讼案,按照总公司及所属企业法律纠纷案件处理的有关规定执行。法院调解或判决承运人责任生效后,由被告单位先行垫付铁路承担的款额。涉及被告单位以外的铁路其他单位责任时,应根据法院的调解或判决和本规则有关规定确定责任。

在赔偿后又找到货物,由货物所在站按无标记货物处理,维持原来定责不变。

被盗丢失货物损失赔偿后,公安机关破案证明属其他单位责任时,按下列规定处理:

(1)赔款额不满一级损失,维持原来定责不变。

(2)赔款额在一级损失以上,原责任单位将原调查材料、原"货物损失赔偿通知书"(以下简称赔通)和公安机关破案证明一并报主管铁路局审核后,自原货运记录编制之日起180日内,向新的责任铁路局填发赔通和定责通知书,转送上述材料。新的责任铁路局应及时转账,承担赔偿责任。超过上述期限的,仍维持原来的定责不变,新的责任铁路局不予受理。

5. 货物损失的赔偿款额

赔偿款额按照《铁路法》《货规》和铁路货物保价运输的有关规定计算。赔偿额尾数不足1元时,按进整处理。

货物灭失时,按灭失货物的价格赔偿;货物损坏时,按损坏货物所降低的价格。货物赔偿的标准如下:

(1)执行国家定价的货物,应按照各级物价管理部门所规定的价格计算。

(2)执行国家指导价格或市场调节价格的货物,比照前项国家定价货物中相同规格或类似商品价格计算。

(3)个人托运的搬家货物、行李按照货物交付当日(全部灭失时,为运到期限的最后一日)当地国有企业或供销部门的零售价格计算。

保价运输的货物,最多不能超过该批货物的保价金额,只损失一部分时,按损失货物与全批货物的比例乘以保价金额赔偿。没有通过保价运输的,不按件数只按重量承运的货物,每吨最高赔偿100元,按件数和重量承运的货物,每吨最高赔偿2000元;个人托运的搬家货物、行李每10kg最高赔偿30元,实际损失低于上述赔偿限额的,按实际损失货物的价格赔偿。

货物的损失由承运人的故意行为或重大过失造成时,不适用赔偿限额的规定,而应按照实际造成的损失赔偿。

投保运输险的货物由承运人与保险公司按规定赔偿。

6. 赔偿的权限

(1)轻微损失的赔偿由受理站审核办理。赔偿要求人要求以现金支付赔款,由车站按规定当日完成现金赔付;赔偿要求人要求通过银行转账,由受理站在下达赔通当日将赔偿材料报主管直属站段,由直属站段转账。轻微损失赔款备用金由车站主管直属站段财务部门按照备用金管理制度办理和监督。

(2)三级损失的赔偿由受理站在受理当日,以查复书写明调查过程、损失款额、赔偿金额等，并上报主管直属站段，抄送发、到站及相关站，由主管直属站段审核办理。

(3) 二级、一级损失的赔偿及保价货物损失补偿，由受理站在受理当日，以查复书写明调查过程、损失款额、赔(补)偿金额等，并上报主管铁路局，抄送发、到站及相关站，由主管铁路局审核办理。

(4) 涉及物流外包业务(包括客户以铁路方保证金冲抵违约金或向保函开立银行索赔违约金)，由签约单位按合同约定指定车站办理赔偿；办理权限不属车站，由车站在受理当日，以查复书写明调查过程、损失款额、赔(补)偿金额等，并上报主管直属站段或铁路局，抄送发、到站及相关站，由主管直属站段或铁路局按合同约定审核办理。

赔(补)偿办理单位应填发赔通，并加盖货物损失处理专用章或单位公章。赔通分为正本、副本，正本为领款凭证、付款凭证(由银行转账时，交本单位财务部门；领取现金时，交赔偿要求人领款用)，副本为赔款通知(本单位财务部门清算用。银行转账时，交赔偿要求人、发站；到站)。通过铁路货运电子商务系统网上办理赔偿，应将赔通加载至铁路货运电子商务系统上告知客户。

7. 赔偿办理期限及处理期限

承运人同托运人或收货人相互要求赔偿或退补费用的有效期限为180天，要求承运人支付违约金的有效时间为60天。有效期间由下列日期起算：

(1) 货物灭失、损坏或铁路运输设备损坏的起算日期，为承运人交货运记录的次日；货物全部灭失，未编制货运记录的起算日期，为运到期限满期的第31日。

(2) 多收或少收运输费用的起算日期，为核收该项费用的次日。

(3) 要求支付违约金的起算日期，为交付货物的次日。

(4) 其他赔偿及退补多收或少收的费用的起算日期，为发生事故或核收该项费用的次日。

办理赔偿的期限，自受理赔偿要求的次日起至填发赔通之日止为2个工作日。特殊情况下办理赔偿的最长期限：直属站段不超过5个工作日，铁路局不超过10个工作日。

赔通下达后应及时送财务部门，财务部门接到赔通后，应在5个工作日内支付赔款。保价运输货物的损失赔款以保价成本核算，非保价运输货物的损失赔款以运营成本核算。涉及物流外包业务(包括客户以铁路方保证金冲抵违约金或向保函开立银行索赔违约金)，由签约单位按规定支付或冲减违约金。

一批赔款额或各责任铁路局分摊后的款额不足500元时，互不清算，由处理单位列销。

500元以上的跨局货物损失赔款，由处理铁路局汇总，在财务通知书中附赔通和定责通知书，按月向责任铁路局清算一次，若处理铁路局超过3个月未向责任铁路局清算，责任铁路局可不予清算。责任铁路局接到处理铁路局清算的财务通知书后，按月向处理铁路局支付垫赔款。责任铁路局不得退回赔通。

涉及物流外包业务，须支付违约金(包括以保证金冲抵违约金、向保函开立银行索赔违约金)的签约铁路局，每季度次月10日前与责任铁路局办理违约金结算。

项目小结

通过本项目的学习，掌握货运记录的编制及调查、货物事故的处理程序和货物事故赔偿的有关规定,本着对托运人和收货人负责的原则,对于承运人责任明确的货物损失,须先对外赔付,后划分铁路内部责任,尽量减少其损失,减小事故产生的不良影响,做到主动、及时、真实、合理。

 实训项目　铁路货物运输基础知识认知

1. 编制货运记录(见表 4-8)

(1) 西安西站 2010 年 5 月 5 日发成都东站整车黄板纸 1200 件,使用 C_{64} 型车运输。当日由承运人装车完毕,苫盖铁路篷布 2 块(篷布号:71213916、71213917),于 5 月 8 日 15 时由 84563 次列车运达成都东站,15 时 30 分由到站组织卸车,16 时 30 分卸车完毕。

(2) 2011 年 9 月 3 日 43501 次列车运达江岸站大米一批,用 C_{64A} 型车(4660132 次列车)装运,标记载重量 60t,票记件数为 1200 件,保价为 20 万,承运日期为 2011 年 8 月 28 日,苫盖篷布 2 块(篷布号:S003451、H602172),绳网捆绑。发站:沈阳东,托运人:沈西粮油贸易公司,收货:仙桃粮站,卸前检查:发现该车前后方篷布顶各有 3500mm 和 4000mm L 形割口,新痕,被割处货物下陷;卸时点件 620 件;每件货物价值 200 元。

货　运　记　录　　　　　　　　　　　　　表 4-8

补充编制货运记录时记入　补充＿＿＿＿局＿＿＿＿站所编第＿＿＿＿号＿＿＿＿记录
一、一般情况:
办理种别＿＿＿＿运单号码＿＿＿＿于＿＿＿＿年＿＿＿＿月＿＿＿＿日承运
发　　站＿＿＿＿发局＿＿＿＿托运人＿＿＿＿装车单位＿＿＿＿
到　　站＿＿＿＿到局＿＿＿＿收货人＿＿＿＿卸车单位＿＿＿＿
车种车型＿＿＿＿车号＿＿＿＿标重＿＿＿＿t
＿＿＿＿年＿＿＿＿月＿＿＿＿日第＿＿＿＿次列车到达＿＿＿＿年＿＿＿＿月＿＿＿＿日＿＿＿＿时＿＿＿＿分卸车＿＿＿＿年＿＿＿＿月＿＿＿＿日＿＿＿＿时＿＿＿＿分卸完
封印:施封单位＿＿＿＿/＿＿＿＿施封号码＿＿＿＿/＿＿＿＿
篷布:篷布号码＿＿＿＿保价/保险＿＿＿＿货物价格＿＿＿＿元
二、货损情况:

项目	货物名称	件数	包装	重量(kg)		托运人记载事项
				托运人	承运人	
票据原记载						
按照实际						
货物损失详细情况						

三、参加人签章:
车站负责人＿＿＿＿编制人＿＿＿＿审核人＿＿＿＿
公安人员＿＿＿＿收货人＿＿＿＿其他人员＿＿＿＿
四、附件:
1.普通记录＿＿＿＿页　2.封印＿＿＿＿个　3.其他＿＿＿＿
五、交付货物时收货人意见＿＿＿＿
年　　月　　日货运记录(货主页)已交由　　　　　　　　　　领取。
年　　月　　日编制　　　　××铁路局　　　　　　　　　　　　　　××车站(章)

2. 编制事故速报(见表4-9)

砀山站 2007 年 6 月 9 日承运到荆门站(运价对应里程为 883km)鲜梨一车,件数 1200 件,纸箱包装,30t。托运人在运单"托运人记载事项栏"内注明容许运输期限为 9 日,保价金额为 8 万元。用 P_{62} 型车(3536531 次列车)装运,施封 2 枚,封印号码为 F00001、F00002。该车 6 月 20 日 17 时 30 分到达荆门站,到站货检发现门窗关闭无异状,施封良好,开启车门见车底板有积水,纸箱包装有不同程度受潮,车容未满,卸后清点件数为 1180 件,较运单记载少 20 件,开箱检查内货全部腐烂,收货人称货物价值 105000 元。

表 4-9

铁路传真电报

签发:		核稿:		拟稿人:		电话:			
发报电名	电报号码	等 级	受理日	时 分	收到日	时 分	值机员

主送:×站、××车务段、××铁路局
抄送:铁路总公司

货物损失速报

(一)××××;
(二)××年××月××日××站;
(三)××站,××站,××,××年××月××日;
(四)×,×,×,×;
(五)×××××;
(六)×××××。

××站第××号电
××年××月××日

复习思考

1. 货运安全工作的方针是什么?
2. 什么叫货物损失?
3. 货物损失分为哪几类?
4. 货物损失等级如何划分?
5. 记录分为哪几种?各有何作用?
6. 什么情况下须编制货运记录?
7. 什么情况下须编制普通记录?
8. 发站编制的记录如何处理?
9. 中途站编制的记录如何处理?
10. 到站编制的记录如何处理?
11. 货运记录送查时,按规定应附送哪些资料和实物?
12. 车站发现事故如何处理?
13. 在何种情况下拍发货物损失速报?其内容包括哪些?
14. 车站接到调查记录如何处理?
15. 货物损失责任划分的原则是什么?

16. 铁路货物运输中,什么情况下承运人不负责赔偿?

17. 赔偿责任如何划分?

18. 根据以下条件编制货运记录。(未给条件自拟)

11月8日,天津南站发沈阳站整车燕京啤酒一车,车号 $P_{62N}3145666$,于41303次挂运至沈阳站,20:40调到货位开始卸车,22:40卸完。卸车前检查施封2枚F010375/010376有效,卸后见10件纸包装破损有湿痕。

19. 攀枝花西站发西安东站整车工字钢一批,40件,共60t,于3月6日承运,全批保价金额为130万元,卸时发现货物较运单记载40件少2件,实卸38件。如为铁路责任,赔偿金额为多少?

20. 编制普通记录。(未给条件自拟)

阳泉站发济南站热电块煤,用 $C_{62}4104322$ 装运,票号000022,该车挂于第43255次列车机后第6位,于7月10日15:11到达德州站,列检发现,车体良好,前进方向第三轴右侧车轴润滑油不良,发热扣修。德州站于7月10日20时开始对货物换装,货物装于 $C_{62A}1423456$ 车内,换装前层煤灰浆标记良好,原装 $12.10m \times 2.80m \times 1.6m(54.208m^3)$,换装后,$12.10m \times 2.79m \times 1.6m(54.0144m^3)$。

21. 编制事故速报。(未给条件自拟)

G站××年5月6日承运整车卷烟一批至Z站,货物重30t,货物件数1200件,货物保价100万元,车号 $P_{m62}3345672$,票号023575,货物到达H站,货检见前进方向一侧未封,会同公安清点,丢失货物125件。

22. 2015年2月5日,北郊站承运一批快运货物,纸浆40件、40t,到站合肥北站,门到门运输,保价15万元。北郊站在接取物流过程中有1件货物外包装破损,发站将该货物装入棚车内,施封运输。该车运行至南京东站,车辆部门检查发现该车因车辆技术原因不能继运,要求换装修理,南京东站在换装过程中对货物进行清点,共有38件。到站卸车发现,实卸38件,其中10件货物外包装破损,内货外露,且有不同程度污损。合肥北站将该批货物送到货主仓库时,又发现有2件货物外包装破,货物也有污损。

请问:

(1)北郊站、南京东站、合肥北站应如何处理?

(2)各站货运记录编制的重点是什么?

(3)如北郊站、南京东站、合肥北站均按章编制货运记录,上案责任如何认定?说明理由和依据。

(4)如该货物未保价且未保险,该如何办理赔偿?

项目5　铁路货场管理

项目描述

　　铁路货场是铁路运输企业面向社会,办理货物运输业务的窗口和货物运输起止的货物集散地。为了安全、方便、快捷地运送货物、经济合理地利用铁路货场设备,充分发挥货场的作业能力,必须加强货场管理,从而实现铁路货场作业标准化、管理科学化、服务文明化。

　　铁路货场不仅具有受理、承运、搬运、保管、配送、交付货物以及接收、处理和反馈货运信息的功能,还可以按到站和去向集结货物、组织配装和组织直达运输。在现代物流业飞速发展的新形势下,铁路货场可作为物流配送的结点,逐渐由传统的货场向现代物流中心升级,使其成为整个社会大物流体系的重要结点。

教学目标

1. 知识目标

(1)了解货场管理的主要内容。

(2)掌握货场的分类与配置。

(3)掌握货场场库设备和装卸设备管理的内容。

(4)掌握货场货位的配置。

(5)了解货场作业管理的内容。

(6)了解专用线管理的基本知识。

2. 能力目标

(1)能了解货场管理的办法。

(2)能熟悉货场设备并对其进行管理。

(3)能根据专用线运输设备的状况,合理组织铁路专用线运输。

建议课时:8课时。

基础知识

任务1　货场管理认知

　　货场是铁路办理货运作业的基本场所,为了安全、迅速、便利地组织货物的承运、保管、装卸和交付作业,在铁路货场内必须配备足够的场库、装卸机械、配线和道路等设备,并且要保证各项货运设备在货场内的合理布置。

铁路货场生产是一项多环节、多层次、多部门、多工序的工作,各项作业之间既有相对的独立性,又要相互协调、密切配合,是一个不可分割的整体。铁路货场管理就是对货场生产作业的全过程进行计划、组织、指挥、协调和控制,以保质保量地完成铁路运输生产经营任务。

一、货场管理的主要内容

从生产管理的角度来说,货场管理主要包括以下几个方面的内容:

1. 货场计划管理

货场计划管理主要包括车站货流、货源的调查与组织,月旬货物运输计划的执行,以及到货调查和卸车工作组织等。

2. 货场作业管理

货场作业管理主要包括进货装车作业、卸车出货作业、出车作业和取送车作业等。

3. 货场设备管理

货场设备管理主要包括货场、货区、货位的使用,以及装卸设备和其他货运设备的运用管理等。

4. 货场安全管理

货场安全管理主要包括职工的安全教育和安全技术教育,以及各项安全管理制度的制定、货运事故的预防和处理等。

5. 货场作业信息管理

货场作业信息管理主要包括对货场货运作业信息系统的各项业务管理工作。

二、铁路货场管理的目标与任务

1. 铁路货场管理的目标

为了满足铁路货物运输需求,铁路货场应根据运输市场和铁路跨越式发展的要求,引进先进的技术设备和管理手段,合理运用货场设备,充分发挥货场的作业能力,并不断研究运输市场动态,提高工作质量和服务质量,努力做到服务文明化、管理科学化、作业标准化,不断提高运输集装化和装卸机械化水平。

2. 铁路货场管理的任务

(1)认真贯彻党和国家的经济政策和运输政策,以及铁路总公司、铁路局颁布的有关货运规章制度。

(2)贯彻"人民铁路为人民"的宗旨,全心全意为物资单位服务,坚持"安全第一、信誉第一、用户第一"的方针,不断提高运输质量和服务质量。

(3)编制和执行货场管理细则,建立健全以岗位责任制为中心的货场各项基本作业制度,在确保货场作业安全的前提下,不断提高经济效益和运输效益,加速车辆周转和货物运送。

(4)建立设备台账,加强现有设备管理,积极挖掘现有设备潜力,积极推广全面质量管理,开发和应用新技术、新设备,不断提高货场作业能力,提高货场工作质量和管理水平。

(5)搞好路内外联劳协作,制订货场交通管理办法,使到达重车卸得下、搬得出,发送货物进得来、装得上,保证货场畅通无阻。

(6)贯彻"安全第一、预防为主"的原则,保证运输安全。

(7)搞好货场职工政治和业务培训,重视人才的培养,不断提高货场职工政治素质和业务水平。

三、铁路货场生产作业的特点

1. 作业过程的连续性

铁路运输是一个物流(运动)过程,要求整个运输作业线上的车辆和货物始终处于运动状态,尽可能减少不必要的中断、停滞和等待现象。为此,货场内部的所有设备应有一个科学的、符合各项作业程序的总体布局,使各项作业环节在时间上尽可能紧密衔接,以便减少非生产等待时间。

2. 作业过程的平行性

作业过程的平行性是指在同一段时间内,对车辆、货物平行交叉地进行多项作业,从而缩短整个作业时长。为了发挥作业平行性,应在作业组织形式、设备使用方法及人员安排等方面进行系统、全面地分析和优化,不断改进作业程序和管理方法。

3. 作业过程的均衡性

作业过程的均衡性是指通过加强货场生产计划,保证各作业环节的协调配合,以便合理地利用设备能力和劳动资源,提高生产作业效率,有利于安全生产和防止事故的发生。

4. 作业过程的适应性

作业过程的适应性是指货场货物类别或货运量发生较大变化时,应在较短的时间内调整作业能力和管理措施。

任务2　货场分类与配置

知识点1　货　场　分　类

货场是铁路车站的组成部分,其主要任务是办理货物的承运、保管、装车、卸车和交付等作业,是铁路与其他运输工具衔接的场所,也是铁路货物运输生产过程的起点和终点,直接为国民经济各部门服务,是铁路货物运输营业的窗口。

1. 按办理的货物品类分

(1)综合性货场,综合性货场办理作业的货物品类繁多、运量分散,这种货场一般都布置在铁路枢纽内及铁路沿线各站上,为各级城镇的工矿企业和人民生活服务。

(2)专业性货场,专业性货场办理货运量大、品种单纯、作业性质相同或相近,多为散堆装货物或大宗货物,如专办煤、木材、砂石、危险货物等的货场。

2. 按办理货物运输的种类分

(1)整车货场,是指仅办理整车货物作业的货场。

(2)集装箱货物,是指仅办理集装箱作业的货场。

(3)混合货场,是指办理整车、零散快运和集装箱中两种以上货运作业的货场。

3. 按货运量的大小分

(1) 综合性货场,年运量在 100 万 t 及其以上为大型货场;年运量在 30 万～100 万 t 者为中型货场;年运量在 30 万 t 以下为小型货场。一般位于大、中城市及工业区的车站货场运量较大,多为大、中型货场,中间站货场多为小型货场。

(2) 专业性货场,由于办理的货物性质有差别,难以按货运量界定其级别。如装煤、木材或砂石的专业性货场,一般都是整列或半列装卸,运量较大;办理危险货物的专业性货场,往往货运量不大,但设备和管理都比较复杂。

4. 按配置分

(1) 尽端式货场,是指由尽头式货物线组成的货场。

(2) 贯通式货场,是指由贯通式货物线组成的货场。

(3) 混合式货场,是指由尽头式货物线和贯通式货物线共同组成的货场。

在运量较大、办理货物品类较多的车站,为避免作业过于集中和便于管理,可分设几个货场,这些货场可按货物品类、货物运输种类或货流方向进行合理分工。

知识点 2 货 场 配 置

货场的配置形式包括尽端式、贯通式和混合式 3 种。

1. 尽端式货场

尽端式货场是指由尽头式货物线构成的货场,即货物线一端连接车站站线,另一端是设置车挡的终端。尽端式货场如图 5-1 所示。

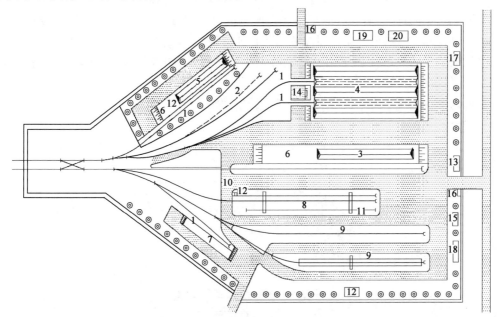

图 5-1 扇形尽端式货场布置图

1-货物线;2-存车线;3-仓库;4-雨棚;5-危险货物仓库;6-侧式站台;7-综合式站台;8-集装箱及笨重货物堆放场;9-散堆装货物堆放场;10-集装箱修理间;11-门式起重机;12-货运员办公室;13-货运室;14、15-装卸工人休息室;16-门卫室;17-食堂;18-浴室;19-装卸机械维修组;20-装卸机械停放场

尽端式货场的优点：占地少，线路和汽车道路短，造价低；易于结合地形，利于与城市规划配合；道路与货物线交叉少，搬运货物与取送车作业干扰少，搬运车辆出入方便；便于改建、扩建。

尽端式货场的缺点：车辆取送作业只能在一端进行，咽喉区负担重，取送车作业与装卸作业存在相互干扰。

尽端式配置适用于大、中型综合性货场。

2. 贯通式货场

贯通式货场是指由贯通式货物线构成的货场，其货物线两端均连接车站站线。贯通式货场如图5-2所示。

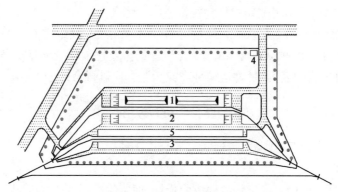

图5-2　贯通式货场布置图

1-仓库；2-雨棚、站台；3、5-堆放场；4-货运办公室

贯通式货场的优点：货场取送车作业在两端进行，与装卸作业干扰少；可整列或成组装卸；货物线可临时接发列车；本务机车取送车作业方便。

贯通式货场的缺点：占地面积大，货物线长，道路与货物线交叉多，取送车作业与搬运作业相互干扰；改建、扩建困难。

贯通式配置适用于专业性货场和运量小的中间站。

3. 混合式货场

混合式货场是指由尽端式货物线和贯通式货物线共同构成的货场，如图5-3所示。

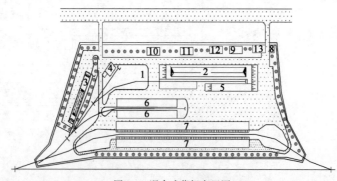

图5-3　混合式货场布置图

1-货物线；2-仓库；3-危险货物仓库及站台；4-牲畜圈；5-站台；6-长大笨重货物场地；7-低货位；8-门卫室；9-装卸工人休息室；10-装卸机械维修组；11-叉车停放及充电间；12-浴室；13-货运室

混合式货场兼有尽端式和贯通式配置的优缺点。通常成件包装货物和长大笨重货物作业在尽端式部分进行,大量散堆装货物作业在贯通式部分进行。运量较大的中间站货场多采用混合式配置。

货场配置类型的选择应根据货物种类、车流特点、作业量、取送车方式、货运站在枢纽内的位置、货场与车场的相互配置方式和地形条件等因素进行。

任务3　货场设备及作业管理

货场设备是车站或货场直接用于货物装卸、运送、保管作业以及其他为办理货运业务服务的设备。对货场设备进行科学的管理,是保证进出货、装卸车和取送车正常作业的必要措施。货场设备管理的目的在于合理使用货场设备,最大限度地挖掘货场潜力,更好地完成铁路货物运输任务。

货场作业方案是根据车站的作业特点和设备情况,协调好货运、运转、装卸、搬运和货主5个方面的工作,优化装卸货、进出货和取送车3个环节,以达到减少调车作业、压缩车辆停留时间和提高货场能力的目标。它在协调路内外各部门的工作、组织各个作业环节、提高货场的总体作业效率方面起着重要的作用。

知识点3　货场场库设备

为了对货场发送、到达的货物进行临时保管,对中转货物进行配装,以便集结货物,组织直达,成组运输,需要在货场内设置堆货场、货物站台、仓库、雨棚等场库设备。

一、堆货场

堆货场是用来存放不怕湿的散堆装货物、集装箱和长大笨重货物的场地。堆货场排水横坡可采用单面或双面坡,集装箱场地横坡不应大于1.2%,其他场地横坡不应大于3%。

堆货场的宽度及场地布置应根据货运量、货物种类、装卸机械类型、货位布置形式、货位排数及货位宽度等来确定。堆货场的长度可根据堆货场需要的面积和所采用的宽度加以确定。

堆货场按其水平面的高度,可分为平货位堆货场和低货位堆货场。

1. 平货位堆货场

平货位是指地面与线路路肩相平的堆货场,为了便于排水及机械作业,堆货场应采取硬面化措施,并具有1%~3%的坡度。

2. 低货位堆货场

低货位堆货场,简称低货位,是指地面低于线路路肩1.5m以上的堆货场。低货位堆货场适于大量散堆装货物的卸车作业,在煤炭、矿石、砂石等散堆装货物卸车比较集中的地区普遍采用。既可以减轻劳动强度、提高卸车效率、加速车辆周转,又可增大货位容量。

(1)低货位堆货场的规格

低货位的路基面高度,应根据货物种类、运量大小、卸车次数、出货能力、货位周转及地形地貌等因素确定。路基面高度不宜太高,通常为1.5~2.5m。

低货位的路基面宽度,应便于卸车,尽量不使货物存留在路肩上,便于装卸和调车人员作业,并保证作业安全。路基面宽度通常为3.2~3.6m。

低货位的长度应满足堆货场面积需要,根据车站每天向该线取送车的次数和数量确定,使调车作业和卸车工作密切配合。

(2)低货位堆货场的分类

低货位堆货场有栈桥式和路堤式两种。栈桥式低货位堆货场的货位容量大、造价低,常见于液化气运输的装卸场;路堤式低货位堆货场又包括斜坡式和直壁式两种类型,如图5-4a)、b)所示。

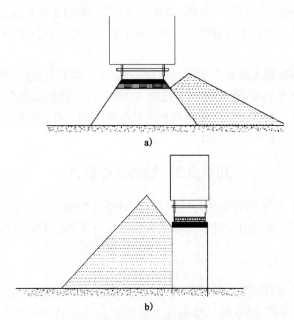

图5-4 路堤式低货位堆货场
a)斜坡式低货位堆货场;b)直壁式低货位堆货场

斜坡式低货位比直壁式低货位耗资少,更容易修建,但货位容量较小,占地面积较大,在地形条件允许或利用既有货物线的路基修建时可采用。

直壁式低货位多采用钢筋混凝土结构,具有货位容量大,占地面积小的优点,散堆装货物运量较大时可采用。

二、货物站台

货物站台是指为了便于装卸车作业而修建的高出货物线轨面1m及其以上的平台建筑物,主要用来存放不受风、雨、雪及阳光等自然条件影响的货物。货物站台可分为高出轨面1.0~1.1m的普通货物站台和超过轨面1.1m的高站台两种。

1.普通货物站台

普通货物站台是指站台面与普通货车地板高度基本相同的货物站台。通常,棚车在货物站台高出货物线轨面1.1m时作业便利,敞车作业则要求货物站台高出地面1m。根据站台作业车辆类型,铁路一侧站台边缘应高出轨面1.1m,场地一侧应适应汽车地板高度,宜高出地面1.1~1.3m。

普通货物站台按其与货物线的配置形式可分为侧式站台、尽端式站台和综合式站台。

尽端式站台是用来装卸能自行移动的带轮子的货物,如汽车、坦克、拖拉机等。尽端式站台可以单独设置,也可以与普通货物站台合并设置(见图5-5)。

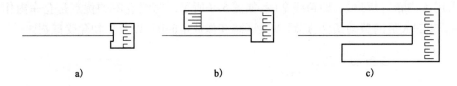

图5-5 尽端式站台示意图

2.高站台

高站台是指站台面距货物线轨面高度大于1.1m的货物站台,即高于普通货车车地板的站台。它有利于将散堆装货物及不易破碎的小型货物装入敞车的作业,可以节省劳力,减轻劳动强度,缩短装车时间,加快车辆周转。采用高站台时应充分考虑地形、货物种类及货运量等条件,避免造成浪费。

高站台可分为平顶式高站台、滑坡式高站台和跨线漏斗式高站台3种。

(1)平顶式高站台

平顶式高站台结构与普通货物站台相似,站台高度一般为1.8~3.3m,适用于煤炭、矿石、小型原木等货物的装车作业。可在平顶式高站台一侧布置货物线,称为单面高站台;也可在其两侧均匀布置货物线,称为双面高站台。双面高站台的两条货物线可同时装车。站台的宽度应根据堆货量、货物品类、搬运工具所须道路宽度、装卸机械作业宽度等因素确定,单侧装车时适宜高度为12~18m;双侧装车时为20~30m。站台的长度除应满足堆货量的需要外,还应满足取送车组长度的要求。

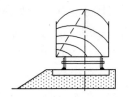

(2)滑坡式高站台

滑坡式高站台是利用货物自重滑溜装车的设备,适用于将煤、矿石等散粒状货物装入敞车的作业,如图5-6所示。

图5-6 滑坡式高站台示意图

(3)跨线漏斗式高站台

跨线漏斗式高站台是一种高效率的装车设备,适用于敞车装载散粒状货物,一般多设在铁路专用线或专用铁路上。

三、仓库

仓库是为了存放易受自然条件影响的货物、危险货物和贵重货物,在普通货物站台上修建的封闭式建筑物。

1.仓库的分类

(1)按层数分

仓库按层数可分为单层仓库、双层仓库和多层仓库。货场内的仓库一般用来临时存放货物,由于搬运作业比较频繁,为了便于作业,多采用单层仓库。仅在货运量大、地形狭窄、改建困难、有相应的装卸机械设备时,才考虑采用双层或多层仓库。

(2)按与货物线的配置形式分

仓库按与货物线的配置可分为库外布置货物线和跨线仓库两种形式。货场多采用库外布置货物线的形式,如图5-7所示。但在多雨雪、风沙大或气候寒冷的地方,如果作业量较大,可采用库内布置货物线,即跨线仓库,如图5-8所示。跨线仓库的优点是仓库内作业,不仅改善了装卸人员的劳动条件,还可以保证装卸作业不间断,以及货物免受湿损。

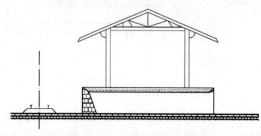

图5-7 库外布置货物线的仓库示意图

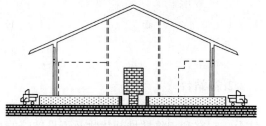

图5-8 跨线仓库示意图

2. 仓库的设置

为了便于装卸作业,仓库应设置在普通货物站台上,与货物线及货场道路综合布置。

仓库两侧应设置雨棚。雨棚的宽度应伸至站台边缘,在多雨雪的地区,作业繁忙的大、中型货场,雨棚宽度要大一些,铁路一侧为2.05m,如果装卸敞车,则为3.75m,场地一侧为3.5m。雨棚的净高,铁路一侧距轨面为5m,场地一侧距地面高度通常为4.5m。

3. 仓库长度和宽度的确定

仓库的宽度应根据货运量、货物种类、作业性质、货位宽度、货位排数及采用的装卸机械类型等因素确定。仓库的宽度既要满足存放货物的需要,又要为装卸机械化作业创造便利条件,从而提高装卸作业效率。

仓库的宽度可按下列规定选用:

(1)仓库总面积小于600m^2时,宜采用9~12m。

(2)仓库总面积为600~1000m^2时,宜采用12~15m。

(3)仓库总面积大于1000m^2时,宜采用15~18m或18m以上。

(4)采用叉车作业时,仓库宽度不应小于15m。

四、雨棚

雨棚,也称货棚,是指为了避免货物受自然条件影响,在普通货物站台上修建的有顶棚的,用来存放怕湿、怕晒的货物的建筑物。

按其与货物线的布置形式,雨棚分为一般雨棚和跨线雨棚两种。一般雨棚的货物线布置在雨棚的一侧或两侧;跨线雨棚的货物线布置在雨棚内部。多雨雪地区可设置跨线雨棚。

雨棚的造价比仓库低廉,但是对货物的保管不如仓库安全,雨棚的设计要求与仓库基本相同。

五、货物站台、仓库、雨棚与货物线的配置

1. 配置要求

货物站台、仓库、雨棚与货物线的配置,应有利于取送车、装卸作业及搬运车辆的停留与走行,并尽量节省铺轨和用地。相互间的尺寸如下:站台边缘至货物线中心为1.75m;仓库端墙至站台端部坡顶不小于2m;车挡距最近库门中心不小于17m,车挡距站台端部坡顶不小于10m,车挡至阶梯的垂直站台墙边缘可按2m考虑。

2. 配置形式

(1) 矩形布置

矩形布置形式的货物线较长,容车数较多,有利于成组装卸;当在同一线路上进行双重作业时或向相邻货位调移车辆时比较方便。矩形配置易于改建、扩建,因此被广泛采用。

①一台一线的配列形式

一台一线的配置形式结构简单,造价低,占地少。在货运量不大的中、小型货场和货区内,货物到发量不平衡、货源不稳定时,适合采用这种配置形式。如图5-9所示。

②两台夹一线的配列形式

两台夹一线的配置形式有利于组织双重作业,缩短车辆周转时间和减少调车作业量,提高装卸作业效率和货物运输效率。在大型货场内,怕湿货物运量较大且到发量大致平衡,货源相对稳定时,适合采用。如图5-10所示。

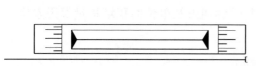

图5-9 一台一线式矩形仓库布置图

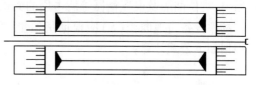

图5-10 两台夹一线矩形仓库布置图

③两台同侧一线的配列形式

两台同侧一线的布置形式是将较长的仓库分成两节,并在两仓库间铺设渡线。取送车比较方便,但是占地面积较大,这种布置适用于调车作业较多或地形窄长的货场,一般很少采用。如图5-11所示。

④多台夹三线的配列形式

多台夹三线的配列形式仓库多、线路长,可以分类集结较多的货物,而且可以利用中间一条线路挑选和存放车辆,但占地面积大。这种布置形式适用于货物种类复杂、作业量较大的货场及港口、码头仓库。如图5-12所示。

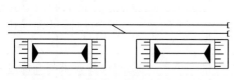

图5-11 两台同侧一线矩形仓库布置图

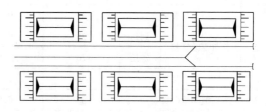

图5-12 多台夹三线矩形仓库布置图

⑤三台夹两线的配列形式

三台夹两线的布置形式结构紧凑,便于管理,大多修建为跨线仓库或雨棚,有利于零散货物的配装作业,提高作业效率,减少运输成本。这种配置形式适用于货运量较大的货场。如图 5-13 所示。

(2) 阶梯形布置

阶梯形配置形式,各货物线的取送车作业可以单独进行,互不干扰。这种配置形式线路短,容车少,容易发生车辆与站台端部相撞的事故,安全性差。在货物种类复杂、取送车次数频繁、场地较宽时可采用这种配置形式。如图 5-14 所示。

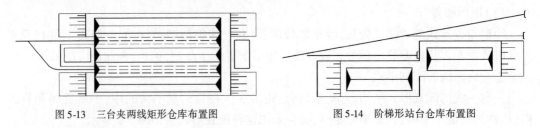

图 5-13　三台夹两线矩形仓库布置图　　　　图 5-14　阶梯形站台仓库布置图

六、场库设备占地面积的计算

堆货场、货物站台、仓库和雨棚等货场场库设备的面积包括有效面积和辅助面积两部分。有效面积是指直接用来堆放货物的面积,辅助面积是指用来搬运、装卸和检查货物的走行通道、货位间隔及设置衡器等所占用的面积。

场库设备占地面积(F)应根据货运量、货物保管期限及单位面积堆货量等因素确定。可根据如下公式计算:

$$F = \frac{Q\alpha t}{365p} \tag{5-1}$$

式中:Q——堆货场、货物站台、仓库或雨棚的年度货运量,t;

α——货物到发的不平衡系数,大、中型货场采用 1.1~1.5,小型货场采用 1.3~2.0;

t——货物占用货位时间,日,一般可按表 5-1 取值;

p——堆货场、货物站台、仓库或雨棚的单位面积堆货量(包括辅助面积在内),t/m²,一般可按表 5-1 取值。

各类货物货车平均静载重、单位面积堆货量、货位宽度和占用货位时间　　表 5-1

序号	货物品类		货车平均静载重 (t)	单位面积堆货量 (t/m²)	货位宽度 (m)	占用货位时间(日)	
						到达	发送
1	整车怕湿货物		39	0.5	4~6.5	3	2
2	普通零散货物	到达	26	0.2	9	3	—
		发送	26	0.25	9	—	2
3	混合货物		34	0.3	8	3	2
4	整车危险货物		38	0.5	5.5	3	2
5	整车笨重货物		41	1	4	4	2

续上表

序号	货物品类	货车平均静载重 (t)	单位面积堆货量 (t/m²)	货位宽度 (m)	占用货位时间(日) 到达	占用货位时间(日) 发送
6	散堆装货物	54	1	4	3	2
7	集装箱货物	25	0.26	—	3	2
8	露天站台货物	48	0.25~0.45	6.5~12	3	2

货物到发的不平衡系数可按式(5-2)计算：

$$\alpha = \frac{Q_月}{Q/12} \tag{5-2}$$

式中：$Q_月$——最繁忙月的货物到发运量，t。

在确定年度货运量时，要注意有些车站到达或发送的货物并非全部都经由场库设备保管，在有大量直装直卸作业，办理路企直通运输以及衔接专用线(专用铁路)的车站，大量货物都不经由货场场库设备保管。因此，在考虑年度货运量时，应将不经由场库设备保管的那部分运量扣除。

【例5-1】 场库面积计算。某车站年发送运量80万t，其货场运量占55%，试计算该货场场库面积。

解：根据式(5-1)，查表5-1得：

$$F = \frac{Q\alpha t}{365p} = \frac{800000 \times 55\% \times 1.2 \times 2}{365 \times 0.5} \approx 5787(m^2)$$

知识点4　货场装卸设备

一、铁路货物装卸机械化的意义和要求

1. 铁路货物装卸机械化的意义

装卸作业是货物运输过程中的重要环节。装卸作业的质量，不仅关系到货物的完整、行车的安全及货车静载重量的合理利用，还影响货车的周转速度。

铁路货车装卸机械化的意义表现在：

(1)提高装卸效率，节省劳动力，减轻装卸工人的劳动强度，改善劳动条件。
(2)缩短装卸作业时间，加速车辆周转，加快货物的运送速度，提高运输效率。
(3)提高装卸质量，保证货物的完整和运输安全，降低货物破损率。
(4)降低装卸作业成本。
(5)充分利用货位，加速货位周转，减少货物堆码的场地面积。

2. 铁路货物装卸机械化的要求

铁路在配置装卸机械时，应考虑如下原则：

(1)装卸机械类型要与货物种类相适应，一个货场内的同一类货物尽量采用同一类型的装卸机械。

(2)装卸机械能力须与装卸作业量相适应,以保证在规定时间内完成货物的装卸作业。

(3)装卸机械必须和其他设备相配套(例如:叉车与托盘、铲车与卸煤机等),以实现综合机械化。

(4)作业场地的面积和布置形式应满足装卸机械化的要求,以便充分发挥装卸机械的效用。

(5)加速车辆、场库等设备的技术改进,发展使用专用车辆运输以及广泛采用集装箱、集装笼等集装运输方式。

二、装卸机械的选配

在较大的货场内,应按货物品类、作业量及作业性质合理配置相应类型及性能的装卸机械。各类货物可参考表5-2选配装卸机械。

各类货物配备装卸机械类型表 表5-2

货物品类	装卸机械类型
成件包装货物	叉车(配托盘)、输送机、桥式起重机
集装箱运输货物	门(桥)式起重机、吊运机、叉车
长大笨重货物	门(桥)式起重机、吊运机
散堆装货物	翻车机、链斗式装(卸)车机、螺旋式卸车机、门(桥)式起重机、装载机、输送机、坑道输送机(配底开门车)
粉末颗粒状货物	气力输送装置
液体货物	鹤管、上卸及下卸装置

1. 成件包装货物装卸机械

成件包装货物主要有工业器材、日用百货、食品、药品、五金类货物等,这些货物的重量、大小、形状及包装形式各不相同。每件货物的重量为50~200kg。

(1)成件包装货物装卸机械的要求

①为了适应棚车和仓库内作业,机械的外形尺寸和自重应尽可能小,以便顺利地出入棚车或仓库等,其起重能力不宜过大。

②能连续地完成装卸、搬运及堆码作业,并能自动攫取、提升和卸放货物,尽可能减少辅助作业所需的人力和时间。

③必须保持车辆及仓库的清洁卫生,避免货物受到污损,预防火灾。

④工作应平稳、可靠,操作灵活,并配有各种工具以扩大作业范围,减轻司机的劳动强度,提高作业效率。

(2)成件包装货物可选装载机械

目前铁路广泛采用叉车作为成件包装货物的装卸机械。除叉车外,输送机和桥式起重机也可用于装卸成件包装货物。

叉车,又称叉式起重机,是一种自行驱动并带有货叉、门架及提升机构的装卸机械。我国生产的叉车,按起重量分为0.5t、1t、1.5t、2t、3t和5t等规格;按动力分为内燃叉车和蓄电池叉车两种。

叉车通常与托盘配合作业。利用叉车在仓库内作业,通道的宽度应在3.5m以上。

2. 集装箱和长大笨重货物装卸机械

重量超过2t,体积超过3m²或长度超过9m的货物,均属于长大笨重货物,主要包括机电设备、大型铸钢、铸铁件、各种钢材、混凝土构件及原木等。这类货物的外形、尺寸和重量差别很大,重量小的有2~3t,大的有几十吨甚至上百吨。运送长大笨重货物,一般采用敞车、平车以及长大货物车。在铁路上广泛使用起重机装卸长大笨重货物和集装箱。集装箱还可用正面吊运机和叉车进行装卸。

起重机主要包括门式起重机、桥式起重机和旋转式起重机正面吊运机4种。

(1) 门式起重机

门式起重机,又称龙门吊,目前铁路上采用的门式起重机,起重量一般为5~20t,多数为10~15t,跨度一般为16~32m,起升高度一般为9~12m。根据经验,设置一台起重机时,走行线长度在100m左右为宜,设置两台起重机时,走行线长度在140~210m为宜。

(2) 桥式起重机

桥式起重机的技术性能和用途与门式起重机大致相同。根据桥架结构的不同,桥式起重机可分为单梁桥式起重机和双梁桥式起重机两种。铁路货场采用的电动单梁桥式起重机的起重量一般不超过10t,跨度为5~17m,起升高度一般为16m;电动双梁桥式起重机的起重量一般为10~30t,跨度为10.5~31.5m,起升高度为12~16m。桥式起重机具有重量大、工作速度快、作业效率高、维修量小等特点,但是桥式起重机必须沿着作业场地修建桥墩,其投资大,给货场的改建、扩建带来困难,同时影响货位的利用率。因此,铁路货场新配备的装卸机械中,很少采用桥式起重机,桥式起重机逐渐被双悬臂门式起重机取代。

(3) 旋转式起重机

旋转式起重机是一种依靠臂架或整个起重机的旋转,移动被提升货物的起重机。旋转式起重机可分为固定式旋转起重机和运行式旋转起重机两种。铁路上常用的旋转式起重机主要有:固定式简易旋转起重机、在轨道上运行的旋转起重机、在道路上运行的旋转起重机。

(4) 正面吊运机

正面吊运机可用于20ft、40ft集装箱和长大笨重货物的装卸、堆码及堆货场内的水平运输,与叉车相比,其具有机动灵活、操作方便、稳定性好、堆码层数较高、堆货场利用率高等优点。

3. 散堆装货物装卸机械

在运输保管中不加包装而成堆堆放的各种块状、粒状和粉末状货物,均属于散堆装货物。散堆装货物主要包括煤炭、矿石、砂石、石灰等铁路大宗运输货物。这类货物在铁路运量中约占60%以上,通常都用敞车装运。

散堆装货物装卸机械的要求是:散堆装货物多属粉粒状或碎块状货物,要求装卸机械的性能必须与此相适应;机械的装卸效率要高,要能进行整列或成组装卸;在装卸过程中,货物的装卸对车辆的损伤小、对环境的污染程度低。

铁路上常用的散堆装货物装卸机械主要有翻车机、螺旋式卸车机、抓斗门式起重机、装卸机、输送机等。

知识点5 货位管理

货位是装车前或卸车后暂时存放货物的地点。正确地划分货位和合理地使用货位,有利于组织直达列车和成组装车,能保证按货场作业方案出车,同时也能保证装卸作业中人身、货物和设备的安全,便于装卸车作业和取送车作业的进行,能减少装卸作业与进出货搬运作业的交叉干扰,也直接影响着货场的作业效率。

一、货位的划分和标记

货位的划分应根据货场的具体条件因地制宜地划分。整车货物原则上是能装满一车的货物,其面积一般为 $80\sim100m^2$,宽度为 $6\sim8m$。零散货物则以集结一个去向或一个到站的货物为一个货位。集装箱货位则可适当增大。

整车货物货位一律按号码制标记,即仓库、站台和堆货场分别按照顺序编号。发送零散货物货位可按去向、到站标记,到达零散货物货位采用号码制。集装箱货位采用号码制。货位标记应标在明显处,标记时可用油漆写在墙壁、地面上,也可用木牌或金属牌悬挂在铁丝上或钉在枕木上。

二、货位的使用

货位的布局与线路的配列形式通常有平行式和垂直式两种。平行式配列,即货位长的一边与线路平行;垂直式配列,即货位长的一边与线路垂直,短的一边与线路平行。堆货场一般采用平行式货位,仓库、雨棚、站台通常采用垂直式货位。

货位的使用要有利于卸后车辆的利用,提高双重作业比重;有利于人身、货物、设备的安全,便于装卸作业和取送车作业;有利于提高调车作业效率。实际工作中,货位的使用形式有以下几种。

1. 一线两侧装卸货位

线路一侧固定为装车货位,另一侧固定为卸车货位。一线两侧装卸货位的优点是一批作业车数多,便于双重作业,进出货不干扰。这种货位形式适用于货运量大、到发量相当的车站或货区。如图5-15 所示。

图5-15 一线两侧装卸货位

2. 一线装卸间隔货位

在一条装卸线上,装卸车货位间隔固定。一线装卸间隔货位的优点是卸后空车可直接用于装车。缺点是调送车需要拉开空当,进出货相互干扰。这种货位形式适用于运量小、装卸线少、线路仅一侧有货位且无调车机的车站。如图5-16 所示。

图 5-16　一线装卸间隔货位

3. 一线装卸分段货位

一条装卸线上只有一侧有货位,一段固定为装车货位,另一段固定为卸车货位。一线装卸分段货位的优点是卸后空车只要稍作移动即可装车;缺点是一次送入作业车数少,若卸后空车不适合装车,将会增加调车作业量。这种货位形式适用于一批作业车不多又无调车机的车站。如图 5-17 所示。

图 5-17　一线装卸分段货位

4. 一线装卸平列货位

在线路一侧外边是装车货位,里边是卸车货位。一线装卸平列货位的优点是一次作业车数多,卸后无须调车就可直接装车,但装车搬运距离长,进出货相互干扰。这种货位形式适用于受地形限制、线路不多且一侧地面较宽的中小站。如图 5-18 所示。

图 5-18　一线装卸平列货位

货场内的进货、装卸和取送车作业,都是根据货位占用情况编制计划的。因此,必须正确地掌握货位,以便有预见地组织日常货运作业。

货位的占用情况,一般由货调员或货运值班员(或货区计划货运员)掌握。发送货位由内勤计划货运员掌握。

三、货位周转时间的计算

货位周转时间($T_{货}$,单位为日)是指自货位第一次被占用时起,到第二次被占用时止的时间。它是衡量货位利用效率的主要指标。其计算方法有累积计算法和近似计算法两种。

1. 累积计算法

以一定时间内发送及到达货物占用货位的总时间除以该时期内的装车与出货车数之和。

$$T_{货} = \frac{T_{发} + T_{到}}{U_{装} + U_{出}} \times \frac{1}{24} \tag{5-3}$$

式中:$T_{发}$、$T_{到}$——分别为一定时期内发送货物、到达货物占用货位的时间,h;

$U_{装}$、$U_{出}$——分别为一定时期装车数和出货车数。

累积计算法比较准确,但须进行细致的统计工作,使用不太方便,只是在查标时采用。

2. 近似计算法

以 24h 为一个时间间隔，每天 18:00 统计一次，不按货位分别统计，也不须考虑各个货位开始占用的时间，只要在 18:00 统计时为货位占用者，即按占用 24h 计算。

$$T_{货} = \frac{N_{昨}^{重} + N_{今}^{重}}{U_{装} + U_{出}} \times \frac{1}{2} \tag{5-4}$$

式中：$N_{昨}^{重}$、$N_{今}^{重}$——分别为昨日 18:00 以及今日 18:00 的重货位数。

为了使计算更准确，可以 12h 为统计单位。这样可以较好地反映白班和夜班的情况。

$$T_{货} = \frac{N_{早}^{重} + N_{晚}^{重}}{U_{装} + U_{出}} \times \frac{1}{2} \tag{5-5}$$

式中：$N_{早}^{重}$、$N_{晚}^{重}$——分别为早 6:00 以及晚 18:00 的重货位数。

近似计算法无法反映长期占用货位的情况，因此，在计算时必须结合统计表或货位示意图，注意了解货位长期占用的原因，并重点加以掌握。

知识点6 货场作业管理

货场的功能是在货场作业的"两大过程、三个环节"中通过协调路内外各部门来实现的，两大过程是指送到达车—卸车—搬出和进货—装车—取车挂运，三个环节是指进出货、装卸车和取送车。

一、货场出车安排

货场出车安排就是安排已装妥货车的出车时间、出车内容和出车数量。出车时间就是要求按所装货车编入列车的开车时间出车；出车内容就是要求按所编列车的编组计划内容出车；出车数量就是按所编列车要求的车数出车。根据车站的货物发送量、设备能力及作业性质，货场的出车安排有以下三种。

1. 定点、定线、定编组内容出车

定点、定线、定编组内容出车就是按列车的到站、运行线和列车编组计划整列或成组出车。这是矿区站和大货运站采取的一种高效率的组织形式。它不是靠调车作业和车辆集结时间组织列车或车组，而是靠完善货运计划和执行货场作业方案来实现。因此，必须掌握发车规律，分析到发车流特点，按本站或前方技术站的列车编组计划的编组内容，选定运行线和出车时间，并注意以下三个问题：

(1) 卸大于装的车站要求整列排空时，首先应按数量安排整列排空车。

(2) 重车出车内容。按本站或前方技术站列车编组计划的组号，组织成组装车或成列装车。

(3) 重车出车时间。应根据空车来源，保证有足够的装车时间、取送作业时间、列车编组时间和出发作业时间。

2. 按阶段定时、定内容出车

将一个班分成几个阶段，规定出车时间、出车内容，但不定出车数量。这是有大货场的编组站所采用的一种方法,有利于货场均衡作业,可使调车组有规律地工作。

3. 按规定作业列车的要求出车

这是中间站货场采用的一种出车办法。

二、卸车和出货组织

货场作业一般是以卸定装、以搬促卸。如果出货缓慢,无空货位卸车,则会导致进站货物无货位存放。加强卸车和出货,不但要有足够的设备,装卸和搬运力量,还要有科学的组织方法。

1. 合理运用货场设备

根据货物品类,制订定线、定仓、定机械、定作业的货位使用和管理的制度,充分发挥装卸机械作业效率;安排货位时,对大宗货物采用一线卸车货位,零星货物采用一线两侧装卸货位或一线混合货位,以便减少调车,有利于出空和双重作业;大宗货物和不易搬运的货物,应安排在出货方便的货位上,为加速出货创造条件。

2. 科学地安排卸车计划

应严格按照货场固定线路、固定货位等货场管理制度制订卸车计划,以便于出货搬运作业,卸车顺序应考虑卸空后的使用要求,避免增加不必要的调车作业量。

3. 加强出货组织

货场的出货主要由收货单位和搬运部门负责,铁路部门应从以下几个方面加强出货组织,提高搬运效率。

(1) 根据到货情况和货位需要的缓急,安排出货顺序和时间。

(2) 组织各单位联合派人驻站集中统一提货,联合搬运,提高搬运效率。

(3) 配合交通和物资部门,大力开展联合运输;配合地方搬运部门,加速出货搬运。

(4) 发展装卸机械化,缩短搬运时间,加速出货。

三、进货和装车组织

进货和装车作业组织的中心内容是按列车编组计划组织车流、安排货位,减少调车作业,以缩短车辆停留时间。

进货组织应根据装车计划的安排,集中组织进货,使进货、装车到车辆挂出能在时间上衔接起来,其内容符合编组计划的规定,按"大阶段(全日)去向均衡,小阶段去向集中"的办法组织装车,做到"货进齐就装车,装好就取送,连挂即可成列或成组"。这样既可减少调车作业量,又可缩短车辆停留时间,同时也能加速货位周转。

1. 按线分方向固定发送货位

运量大的一线一个去向,以便大钩出车;运量小的分段固定去向,以便成组出车。一线一个去向固定发送货位如图5-19a)所示;分段固定发送货位如图5-19b)所示。

2. 插花进货,分方向组织装车

在发送货位紧张或各去向、运量变动较大时,不能按线或分段固定货位,可以由进货运员安排货位,允许插花,但同一去向的货流占用货位时必须符合同一去向顺序,以便按阶段分去向组织装车时,仍可达到不用调车即可成组装车的目的。插花进货货位使用示意图如图 5-20 所示。

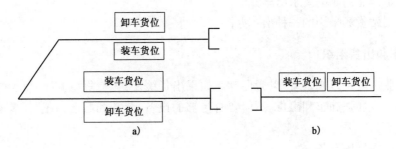

图 5-19　按线分方向固定发送货位

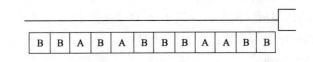

图 5-20　插花进货货位示意图

3. 大宗货物按户定吨不定车数（即月计划有车数，但不计日常车数）

在装车时，只要货种适合车种，不论其吨位大小都可安排装车，只有到最后一批货物装车时才注意货车吨位，以免出现货物数量不足、浪费载重量或剩余货物装运不出的情况。

四、取送车安排

为了保证货场装卸作业的均衡进行，压缩货车在货场的停留时间，做到按运行图规定的运行线出车，必须妥善安排货场取送车作业。

定时取送车是货场作业方案的基本内容之一，取送车作业要实现定时运行，必须对全站工作进行统筹安排，加强各方面工作的计划性，摸清货场作业规律。在确定每日取送车次数、时间时，应考虑不能使调车机过度繁忙，同时，对车流和货场作业特点进行具体分析后，制订出适宜的取送车计划。

（1）对大宗挂线到达的货物，应在保证有足够的装卸时间和不影响出车的原则下，优先安排大宗挂线到达的货物取送时间。

（2）对挂线装车的车辆，应根据空车来源，在保证按列车运行线发车组织出车的原则下，重点安排取送时间。为了减少调车作业，同一时间安排的装车点不要过多或过于分散。

（3）零星分散车辆，最好采取集中定点取送办法。对于在有相当运量的专用线和货场内的零星车辆，应在保证装卸作业均衡的原则下，分阶段定时取送。

（4）货场定时取送，必须注意上一班为下一班留好作业车，打好基础。

货场作业方案的各项基本内容之间是相互联系，相互影响和相互制约的。为了能制订出较优的货场作业方案并将方案付诸实践，应全面分析货场的取送车能力、机械设备和劳力的装卸能力、进出货搬运能力、货位能力，针对各项作业能力的薄弱环节，采取有效的措施。这样才能提高货场作业的综合效率。

任务4　专用线管理

一、专用线(专用铁路)概念

专用线是指厂矿企业自有的线路,与铁路营业网相衔接,并由铁路负责车辆取送作业的企业铁路。

专用铁路是指货运量较大的厂矿企业自有的线路,与铁路网相衔接,具有相应的运输组织管理系统,以自备机车动力办理车辆取送作业的专用线。

专用线、专用铁路一般统称为专用线。

铁路车站应该配合厂矿企业做好专用线的运输组织和管理工作。货主在运单上指明到达专用线卸车时,不得强制在货场或其他专用线卸车。货主未指定专用线卸车时,不得将货物强制送往专用线。在专用线卸车时,铁路要加强交接检查,确保装载质量。

二、专用线管理的基本要求

专用线运输是铁路运输的重要组成部分。车站专用线货运员和企业运输员(即企业办理运输的人员),均应接受铁路的专业培训,培训合格后持证上岗,并应保持人员的相对稳定。

专用线内应有足够的装卸车能力,设有专人值班,做到随到随卸、随到随装。专用线货位要专用化,不得随意变更或挪用。

专用线管理的基本要求是：

(1)要具有良好的技术设备和科学管理方法,保证企业不间断地生产,装卸车作业昼夜不停地进行,而且能保证行车安全、车辆和货物的完整。

(2)要以运输方案为中心编制统一技术作业方案,大力组织定点、定线、定编组内容的三定列车和成组装车。在编制方案时,不仅要考虑提高运输效率,而且要考虑到满足企业的生产需要。

(3)为保证专用线的安全,应建立健全必要的规章制度,使专用线逐步做到作业标准化、工作制度化、卫生清扫经常化、管理货场化,达到专用线安全、整洁、畅通的基本要求。

(4)实行经济管理。铁路和专用线要划分经济责任,建立健全统计分析制度,做到日有统计、旬有分析、月有总结。

三、专用线基本制度

1. 岗位责任制

车站与专用线产权单位分别对在专用线工作的铁路调车人员、货运员和企业运输员、装卸工等制订岗位责任制,明确各岗位的工作内容、分工和责任。

2. 分区、分线、分库使用制

股道较多、作业量较大的专用线,可根据设备特点和作业性质,实行货位、线路固定使用及仓库分库管理负责制。

3. 检查交接制

对在专用线内作业的货物、车辆、篷布等，路企双方必须制定检查交接制度，明确内容和责任。铁路和企业双方应正确填写货车调送单，按规定办理交接。

4. 预确报制度

车站与企业应制定预确报制度，双方指定专人负责交接工作。车站向企业通报装车计划、到货情况和取送车确报。企业向车站通知装卸车完毕时间。

5. 统计分析制度

各级铁路货运管理部门，要认真编制和填写报表，建立设备统计台账。铁路局在每年1月将上一年度的"专用线运用情况表"上报铁路总公司。

四、专用线作业管理

1. 送车作业

车站应按企业使用车要求拨配状态良好的货车。车站在向专用线送车前，按协议规定时间，向专用线发出送车预确报。内容包括：空、重车数，车种，货物品名，收货人，去向，编组顺序，送车时间。专用线接到预报后，应立即确定装、卸车地点，并做好接车准备。专用线运输员接到确报后，应及时打开门栏，提前到线路旁准备接车。货车送进后向调车人员指定停车位置，调车人员按其指定股道、货位停车。

2. 装卸车作业

装车时，应充分利用货车的载重量和容积，但不得超过货车容许载重量。必须防止货物的装载出现超载、偏载、集重、亏吨、倒塌、超限和途中坠落。

企业运输员要负责监装，向装车人员说明注意事项，随时检查装载加固是否符合规定。

装车后，企业运输员负责检查车门、窗、阀是否关闭妥当，需要施封的货车按规定施封，需苫盖篷布的货物，按规定苫盖好篷布。填写装车登记簿，通知车站装车完毕时间。

卸车时，企业运输员要向卸车人员说明注意事项，检查安全防护设施，并负责监卸。

卸车后，企业应负责将车辆清扫干净，需要洗刷、消毒、除污的应按规定及时处理，如有困难可向车站提出协助，费用由委托方承担。关好车门、窗、盖、阀。拆除车辆上的支柱、挡板、三角木、铁线等，恢复车辆原来状态。检查货物堆码状态及与货物堆码处线路的安全距离。检查卸下的篷布是否完整良好，需晾晒的要晾晒，并按规定将铁路货车篷布送回车站指定地点。

企业运输员要正确填写卸车登记簿，通知车站卸车完毕时间。

3. 专用线的交接

铁路专用线货运员会同企业运输员，在运输协议规定的地点，使用货车调送单按铁路规定办理交接。施封的货车凭封印交接；不施封的货车、棚车、冷藏车凭车门、窗关闭状态交接；未苫盖篷布的敞车、平车、砂石车，凭货物装载状态或规定标记交接；已苫盖篷布的，凭篷布现状交接。

铁路货车篷布、企业自备篷布及需要回送的货车装备物品和加固装置，应在货车交接的同时一并办理交接。

专用线内装车的货车，车站发现有下列情况之一时，应加以改善，达到标准后接收：

(1)凭封印交接的货车,发现封印脱落、损坏、不符、印文不清或未按施封技术要求进行施封。

(2)凭现状交接的货物,发现货物装载加固状态或所做的标记有异状或有灭失、损坏痕迹。

(3)规定应苫盖篷布的货物未苫盖、苫盖不严、使用破损篷布或篷布绳索捆绑不牢固。

(4)车门、车窗未关严(需要通风运输的货物除外),车门插销未插牢固。

(5)使用敞车、平车或砂石车装载的货物,违反《铁路货物装载加固规则》的要求。

(6)违反铁路规定的货车使用限制或特定区段装载限制。

五、专用线共用(含专用铁路)

专用线共用是指在保证专用线产权单位运输需要和专用线有设备能力富余的前提下,与一定范围内的其他单位,共同使用该专用线办理铁路货物发到业务。

专用线共用包含两个方面:一是原来由一家使用的专用线变为几家企业共用的专用线;二是由几家企业合资修建专用线,共同使用。共用专用线是为了缓解铁路货场作业压力,保证货场通畅,挖掘专用线潜力,满足国民经济发展的需要。

专用线共用不只是线路共用,机车和装卸劳力均可由统一的运输指挥机构指挥和调配,因此,共用专用线时必须遵循下列原则:

(1)不影响原专用线企业运输生产的需要;

(2)铁路运营主业货场工作量不饱和时,不准办理专用线共用;

(3)充分考虑共用各企业生产的性质、货物品类及保密要求,确保运输安全和货物完整;

(4)应坚持自愿互利、有偿共用、就地、就近、方便货主的原则;

(5)专用线办理共用的货物品类和业务范围,原则上不应与原设计的办理内容有别。严格控制专用线办理危险货物、超限、超长和集重货物的共用。

在保证专用线产权单位运输的前提下,由共用单位、产权单位、车站三方共同签订共用协议。车站在签订协议前应征得铁路局的同意。实行共用的专用线,车站与专用线产权单位、共用单位间取送车作业和货物交接的要求,同于专用线运输的各项要求。专用线共用管理要逐步走向货场化、规范化、制度化。

组织专用线共用,可以提高专用线的使用效率,减少短途搬运的距离,既提高了运输效率,又减轻了货场负担,缓和运量与运能之间的矛盾,从而更好地为企业服务。

拓展知识

货场作业能力的计算

1. 货场取送车能力 $N_{取送}$

货场取送车能力 $N_{取送}$ 是指调车机一昼夜能完成货物作业车的取送车数,可按式(5-6)计算:

$$N_{取送} = CN_{车}\alpha \qquad (5-6)$$

式中：$N_{取送}$——货场取送能力，车/日；
   C——每昼夜取送车次数，次/日；
   $N_{车}$——一次最大取送车辆数，车；
   α——货场双重作业系数。

货场取送能力取决于取送车次数、每次最大取送车数和双重作业系数。每昼夜取送车次数取决于调车能力及作业能力、每次取送作业时间等。较大货场的取送车次数受每一批车辆的作业时间和取送时间限制，即

$$C = \frac{24}{T_{作业} + t_{取送}} \tag{5-7}$$

式中：$T_{作业}$——每一批车的作业时间，h；
   $t_{取送}$——调车机每取送一次的时间，h；
   24——一昼夜的小时数。

2. 货位能力 $N_{货位}$

货位能力 $N_{货位}$ 是指货场的货位每昼夜可以进行装卸作业的车数，可按式(5-8)计算：

$$N_{货位} = \frac{N_{货} K}{T_{货位}} + N_{直} \tag{5-8}$$

式中：$N_{货位}$——货位能力，车/日；
   $N_{货}$——货场现有货位数；
   K——货位有效利用数；
   $T_{货位}$——货位周转时间，日；
   $N_{直}$——每昼夜直装直卸不占货位的车数，车/日。

3. 搬运能力 $N_{搬运}$

搬运能力 $N_{搬运}$ 是指利用搬运机械、工具和人力，一昼夜内从货场搬出、搬进的车数或货物吨数，即：

$$N_{搬运} = N_{出} + N_{进} \tag{5-9}$$

式中：$N_{出}$——每昼夜能搬出货物的车数；
   $N_{进}$——每昼夜能搬进货物的车数。

货场搬运能力通常还可以用每昼夜搬运的货物吨数来表示，即：

$$Q_{搬} = P_{静}(N_{出} + N_{进}) \tag{5-10}$$

式中：$Q_{搬}$——货场搬运能力，t/日；
   $P_{静}$——货车平均静载重，t/车。

为了提高货场搬运能力，一是要有足够数量的搬运机械、工具和人力，并要求货场通道满足搬运需要；二是要完善出货组织工作，合理调度搬运工具，提高搬运效率。

4. 装卸能力 $N_{装卸}$

装卸能力 $N_{装卸}$ 是指一昼夜内货场能完成的装卸车数，即：

$$N_{装卸} = N_{机} + N_{车} \tag{5-11}$$

式中：$N_{机}$——各种装卸机械完成的装卸车数，车/日；
   $N_{车}$——人力完成的装卸车数，车/日。

装卸作业能力的大小由实际作业的机械数量、装卸工组数以及作业效率决定。

项目小结

通过本项目的学习,了解货场场库设备、装卸设备以及货场的分类与配置图,掌握货场装卸车作业情况,能够完成装卸任务,从而提高货运设备工作效率。了解专用线(专用铁路)作业管理的内容。

实训项目　铁路货场管理

1. 实地调研当地货场,并归纳货场内主要岗位及岗位职责至表5-3中。

表5-3

序号	岗 位 名 称	岗 位 职 责
1		
2		
3		
4		
5		
6		
7		
8		

2. 根据货物特性,将货物存放场地、使用车辆、装卸机械类型填入表5-4中。

表5-4

特　　性	成 件 包 装	集 装 箱	长 大 笨 重	散 堆 装
货物特性	集装货物每件质量为1t左右	外形尺寸和质量固定(20ft,40ft)(1ft=0.3048m)	外形尺寸、质量差别大	块、粒、粉
存放场地				
使用车辆				
装卸机械类型				

3. 画出尽端式货场布置图,并说明其特点。
4. 画出贯通式货场布置图,并说明其特点。

复习思考

1. 什么是货场?什么是货场管理?
2. 货场的配置图有哪几种?试述其优缺点。
3. 堆货场、货物站台、仓库、雨棚分别适用于哪类货物?
4. 货物站台是如何分类的?
5. 什么是货位?如何划分货位?

6. 什么是货位占用周转时间？如何进行计算？
7. 货场装卸设备有哪些？
8. 什么是专用线？什么是专用铁路？
9. 某站拟新建一座发送仓库,用以存放整车怕湿货物。该站此类货物的年度发送量为16万t,货物发送的不均衡系数为1.2,其中有5%的货物在货场内直接换装,该仓库的设计宽度为18m。计算：

(1)建设该仓库所需要的面积。

(2)该仓库的设计规格。

附 录

货物运单托运人填写部分说明

附表1

序号	栏目名称		内容填写说明
1	托运人	发站(局)*	发站按《货物运价里程表》规定的站名完整填记,不得简称。局名,为系统自动生成
2		专用线	在专用线或专用铁路装车时,填写该专用线全称
3		名称*	填写托运单位的完整名称,如托运人为个人,则应填记托运人姓名和身份证号码
4		经办人	填写经办人姓名
5		手机号码	填写经办人手机号码
6		取货地址	选择上门取货服务时,应详细填写取货地点所在省、市、自治区城镇街道和门牌号码或乡、村名称及取货人姓名
7		联系电话	选择上门取货服务时,应填写取货人电话号码
8	收货人	到站(局)*	到站按《货物运价里程表》规定的站名完整填记,不得简称。局名,为系统自动生成
9		专用线	在专用线或专用铁路卸车时,填写该专用线全称
10		名称*	填写收货单位的完整名称,如收货人为个人时,则应填写收货人姓名
11		经办人	填写经办人姓名
12		手机号码	填写经办人手机号码
13		送货地址	选择上门送货服务时,应详细填写送货地点所在省、市、自治区城镇街道和门牌号码或乡、村名称及收货人姓名
14		联系电话	选择上门送货服务时,应填写收货人电话号码
15	付费方式*		客户可选择现金、支票、银行卡、预付款、汇总支付等方式,选择汇总支付或预付款时,应填写汇总支付或预付款的付费号码
16	领货方式*		客户可选择纸质领货或电子领货,选择电子领货时,在铁路货运网上营业厅设置领货经办人身份证号码、领货密码等信息
17	货物名称*		应按《铁路货物运价规则》附件三"铁路货物运输品名检查表",危险货物则按《铁路危险货物品名表》所列的货物名称完整、正确填写。托运危险货物并应在品名之后用括号注明危险货物编号。"铁路货物运输品名检查表"或《铁路危险货物品名表》内未列载的货物,应填写生产或贸易上通用的具体名称,但须用《铁路货物运价规则》附件一"铁路货物运输品名分类与代码表"相应类项的品名加括号注明; 按一批托运的货物,不能逐一将品名在货物运单内填记时,须另填物品清单,承运后由车站打印一式两份,加盖车站承运日期戳,托运人签章,一份由发站存查,一份交托运人; 需要说明货物规格、用途、性质的,在品名之后用括号注明

续上表

序号	栏目名称	内容填写说明
18	件数*	应按货物名称及包装种类,分别记明件数,"合计件数"栏填写货物的总件数;承运人只按重量承运的货物,则在本栏填记"堆""散""罐"字样
19	包装	记明包装种类,如"木箱""纸箱""麻袋""条筐""铁桶""绳捆"等。按件承运的货物无包装时,填记"无"字。使用集装箱运输的货物或只按重量承运的货物,本栏可以省略不填
20	货物价格(元)	应填写该项货物的实际价格,全批货物的实际价格为确定货物保价金额的依据(托运人选择保价运输时,本栏为必填项)
21	重量(kg)*	应按货物名称及包装种类分别将货物实际重量(包括包装重量)用千克记明,"合计重量"栏,填记该批货物的总重量
22	箱型箱类	箱型填集装箱对应箱型,如"20""25""40""45""50"。箱类填集装箱对应箱类,如"通用标准箱""35t 敞顶箱"等
23	箱号	填写包括箱主代码在内的 11 位集装箱箱号
24	集装箱施封号	填写集装箱的铁路施封锁号码
25	选择服务 / 上门装车	客户选择上门装车时,须详细填记货物单件规格、重量等特约事项
26	选择服务 / 上门卸车	客户选择上门卸车时,须详细填记货物单件规格、重量等特约事项
27	选择服务 / 保价运输、装载加固材料、仓储、冷藏(保温)	托运人根据需要选择的相应服务
28	选择服务 / 其他服务	托运人、承运人双方认可的其他服务事项
29	增值税发票类型	需要开具增值税发票时,选择填记"普通票""专用票",并填记受票方名称、纳税人识别号、地址、电话、开户行及账号等信息
30	托运人记事	填写须由托运人声明的事项。例如: (1)货物有缺陷,但不致影响货物安全运输,应将其缺陷具体注明; (2)需要凭证明文件运输的货物,应将证明文件名称、号码及填发日期注明; (3)托运人派入押运的货物,注明押运人姓名和证件名称及号码; (4)托运易腐货物或"短寿命"放射性货物时,应记明容许运输期限。选择冷链(保温)运输时,应记明具体运输条件、要求; (5)使用自备货车或租用铁路货车在营业线上运输货物时,应记明"××单位自备车"或"××单位租用车"。使用自备篷布时,应记明自备篷布号码; (6)国外进口危险货物,按原包装托运时,应注明"进口原包装"; (7)托运零散快运货物时,应注明单件最大重量和单件最大的长、宽、高; (8)托运人要求办理铁路货物运输保险时,应注明"已投保运输险"; (9)其他按规定需要由托运人在运单内记明的事项
	签章*	托运人于货物运单打印完毕,并确认无误后,在此栏盖章或签字

注:带"*"的栏目为必填项。

铁路货车篷布作业质量标准　　　　　　　　　　附表2

作业项点	作业内容	作业质量标准
1.计划申报	(1)根据已被批准的旬计划,将预计需要使用的货车篷布数量,于每月9日前上报调度,申报次旬货车篷布的使用数	(1)上报及时、准确
	(2)根据日装车计划,向调度申请货车篷布使用命令	(2)按计划申请;符合装车需要,命令记载完整
2.发送前领取	篷布管理员接到"货车篷布交接单"后,由装车工组或专用线(按《专用线运输协议》规定办理)领取篷布	填记项目齐全,篷布号码清晰正确,绳索齐全,篷布质量符合规定
3.到达后签认	篷布管理员接到货运员(外勤)或专用线货运员填写货车篷布交接单,对篷布验收确认,收回和保管签认后的通知单	填记签认正确、及时,保管齐全
4.登记	(1)按日(班)将使用和到达篷布张数、号码、发站、到站记入《货车篷布到发登记簿》	(1)填记及时、正确、无遗漏,无篷布丢失
	(2)填记"篷布出入统计推算表"	(2)推算准确,不错不漏
5.篷布管理	(1)将好、坏篷布分别存放、堆码	存放地点固定,堆码整齐,保管妥善,无损坏,账布相符
	(2)对篷布整理、折叠、清扫、晾晒、洗刷	
6.报告	(1)每日填制"货车篷布报告"并上报	报告及时、统计准确
	(2)每日18:00向调度报告当日交接货车的篷布出入张数和结存数	
7.篷布回送使用	(1)接到调度下达的篷布回送命令,篷管做好回送准备	(1)抄录命令准确,及时做好准备工作
	(2)检查篷布质量,清点篷布张数	(2)篷布质量良好,腰边绳齐全,号码清楚,张数正确局间回送符合规定要求
	(3)在"特殊货车及运送用具回送清单"上填写篷布总张数,在"货车篷布交接单"上填写篷布号码,一式两份,一份随篷布回送到站,一份留存查;向临时营业线或地方铁路回送时,多填一份,留交接站存查	(3)回送清单调度命令、篷布数量等准确;篷交接单上的篷布号码准确、齐全。回送到站无误,符合命令要求
	(4)组织装车	(4)装车符合规定
8.到达	(1)整车回送时,检查装载现状并组织卸车	办理正确、处理及时
	(2)按清单和交接单清点张数,核对号码,检查质量	
	(3)登记《货车篷布到发登记簿》	
	(4)对发现的问题进行处理	

续上表

作业项点	作业内容	作业质量标准
9.送修	(1)将需要送修的货车篷布张数向路局篷调报告,申请下达送修命令	(1)报告及时、准确
	(2)根据篷调送修命令,填写"特殊货车及运送用具回送清单",将篷布向篷布修理单位回送修理。"特殊货车及运送用具回送清单"填写篷布总张数、篷布号码、篷布状况填制在"货车篷布交接单",一式三份,一份随货车篷布回送到站,一份留站存查,一份交篷布维修所	(2)回送清单调度命令、篷布数量等准确;篷布交接单篷布号码准确、篷布破损状态填记齐全。回送到站无误,符合命令要求。到站与篷布维修所交接清晰,责任明确,并在篷布交接单上签字

轮渡线里程表　　　　　　　　　　　　　　　　　　　　　附表3

轮渡线名称	区 段	里 程
粤海轮渡线	海安南——海口	26km
江阴轮渡线	靖江南——江阴北	6km
渤海轮渡线	烟台北——旅顺西	189km

铁路杂费收费项目和标准　　　　　　　　　　　　　　　　附表4

序号	收费项目	收费标准
1	D型长大货物车使用费	标重不足180t:不超重0.25元/(t·km),一级超重0.30元/(t·km),二级超重0.35元/(t·km);标重180t以上:不超重0.30元/(t·km),一级超重0.35元/(t·km),二级超重0.40元/(t·km),超级超重0.60元/(t·km)
		按货车轴数和400元/轴的标准核收费用,加总计算
2	取送车费	整车:9元/(车·km);集装箱:40ft箱9元/(箱·km),20ft箱4.5元/(箱·km)
3	机车作业费	90元/0.5h
4	押运人乘车费	3元/(人·100km)
5	货车篷布使用费	D型篷布:500km以内(包括500km)120元/张,501km以上(包括501km)168元/张;其他篷布:500km以内(包括500km)60元/张,501km以上(包括501km)84元/张
6	集装箱使用费	20ft通用集装箱:运价里程250km以内,35元/箱;运价里程251km以上,每增加100km加收6元/箱,不足100km的部分按100km计算;40ft通用集装箱使用费按20ft通用集装箱的两倍计算
7	货物装卸作业费	按计费重量和规定费率计算
8	货物保价费	按货物保价金额和规定的费率计算
9	仓储费	承运前交付后:整车货物150元/(车·日),零担货物1.50元/(100kg·日),20ft箱75.00元/(箱·日),40ft箱150元/(箱·日);仓储服务时:20ft箱75.00元/(箱·日),40ft箱150.00元/(箱·日),其他货物2.50元/(t·日)
10	货车延期占用费	机冷车:1~10h 10元/(车·h),11~20h 20元/(车·h),21~30h 30元/(车·h),30h以上40元/(车·h);罐车:1~10h 6.5元/(车·h),11~20h 13元/(车·h),21~30h 19.5元/(车·h),30h以上26元/(车·h);其他货车:1~10h 5.7元/(车·h),11~20h 11.4元/(车·h),21~30h 17.1元/(车·h),30h以上22.8元/(车·h)
		D型长大货物车:6.5元/(t·日)

续上表

序号	收费项目	收费标准
11	货车篷布延期使用费	D型篷布60元/(张·日),其他篷布30元/(张·日)
12	集装箱延期使用费	20ft箱60元/(箱·日),40ft箱90元/(箱·日)
13	机械冷藏车制冷费	单节型300元/(车·日),5辆型1020元/(车组·日)
14	货物运输变更手续费	变更到站、变更收货人;整车货物和20ft、40ft集装箱货物300元/批,零担货物20元/批;发送前取消托运:整车货物和20ft、40ft集装箱货物100元/批,零担货物10元/批
15	清扫除污费	货位清扫:蔬菜、瓜果、牲畜15元/车,散堆装货物4元/车
		集装箱清扫费20ft 5元/箱,40ft 10元/箱;货车清扫10元/车
		货车洗刷除污:整车货物毒害品200元/车,其他120元/车,按零担办理的牛、马、骡、驴、骆驼2元/头
		货位清扫、货车洗刷除污费用,允许铁路局根据各地的不同情况适当提高其费率,但最高不得超过规定费率的一倍,并报铁道部备案
16	合资、地方铁路及在建线货车占用费	冷藏车6.5元/(车·h)
		D型长大货物车10元/(车·h)
		其他货车5.7元/(车·h)
17	合资、地方铁路货车篷布占用费	D型篷布60元/(张·日),其他篷布30元/(张·日)
18	自备或租用货车停放费	40元/(车·日)
19	车辆使用服务费	在营业线上:冰冷车、家畜车4.00元/(t·日);罐车、散装水泥车、粮食专用车3.60元/(t·日);其他货车(机冷车、D型长大货物车除外)3.00元
		在专用线、专用铁路上:冰冷车、家畜车8.00元/(t·日);罐车、散装水泥车、粮食专用车7.20元/(t·日);其他货车(机冷车、D型长大货物车除外)6.00元/(t·日)
		机械冷藏车:单节型160元/(车·日);5辆型660元/(车组·日);9辆型1320元/(车组·日)
		长大货物车:标重180t以上8.6元/(t·日);标重不足180t 5元/(t·日)
20	路产专用线使用服务费	200元/(延米·a)
21	运杂费迟交金	按运杂费(包括垫付款)迟交总额的3‰核收
22	违约金	承运后发现托运人匿报、错报货物品名填写运单,致使货物运费减收或危险货物匿报、错报货物品名按一般货物运输时,按批核收全程正当运费两倍的违约金
23	换装费	进口货物在国境站的换装费:整车普通货物16元/t,其中炭黑、沥青、焦油及按危险货物运送条件运送的货物32元/t。集装箱按国内标准规定计算。笨重货物的换装费率,整车货物每件重量501~1000kg 18元/t,1001~3000kg 22元/t,3001~5000kg 28元/t,5001~8000kg 35元/t,8001~15000kg 42元/t,15001~20000kg 52元/t,20001~80000kg 68元/t,超过80t 80元/t;笨重危险货物按上述标准加50%计算。发送路用专用货车装运的小轿车,换装费按24元/t计算。原油:每吨(按货物重量,以下同)22元。其他液体货物:剧毒品100元/t,有毒品60元/t,其他液体货物50元/t。每年11月1日至次年3月31日的冬季换装作业须加温时,每吨加收8元

续上表

序号	收费项目	收费标准
24	验关手续费	整车和集装箱每批33元,零担每批16元
25	货车滞留费	每车每日120元。超过5日,从第6日起,每车每日核收滞留费240元;超过10日,从第11日起,每车每日核收滞留费480元。危险货物货车滞留费在上述标准基础上每车每日另加10%
26	声明价格费	按运单记载的声明价格的3‰计算
27	换轮作业费	319元/轴
28	翻卸车作业服务费	40元/车,铁路局可根据实际作业条件在20%范围内上下浮动
29	机车使用服务费	3050元/(台·日),双节型机车加倍。铁路局可根据实际租用机车的情况在20%范围内上下浮动
30	货运场地使用服务费	仓库:6元/(m²·月),带雨棚站台:4元/(m²·月),露天站台:3元/(m²·月),露天地(货位):2元/(m²·月)。货场仓库、站台、场地均按月出租,不足一月按一月计算。铁路局可根据车站位置、地段和市场情况,比照当地实际水平,在200%幅度内上浮、50%幅度内下浮
31	赔偿费	车辆配件赔偿费:按照铁路运输企业内部零部件价格和车辆维修费用标准执行
		篷布赔偿费:按当年篷布购置价格赔偿
		集装箱赔偿费:丢失或因损坏报废时,按市场重置价格赔偿。损坏时,按实际发生费用(包括修理费、修理回送费、延期使用费及吊装搬运费等)赔偿
32	接取送达费	计费里程:起码里程10km,之后里程按0、5取整,1、2去,8、9进,3、7、4、6作5
		起码里程10km的费率:整车货物15元/t、零担货物1.5元/100kg、20ft箱450元/箱、40ft箱675元/箱,超过起码里程后每公里费率:整车货物0.8元/(t·km)、零担货物0.08元/100(kg·km)、20ft箱24元/(箱·km)、40ft箱36元/(箱·km)
		每单位重量货物接取送达费=每单位重量货物起码里程费率+(计费里程-起码里程)×超过起码里程后每公里费率
		铁路局可上浮50%,下浮不限
33	装载加固材料使用服务费	按所用材料成本价加30%计算

铁路建设基金费率表 附表5

项目种类			计费单位	农药	磷矿石棉花	其他货物
整车货物			元/(t·km)	0.019	0.028	0.033
零担货物			元/10(kg·km)	0.00019	0.00033	
自轮运转货物			元/(轴·km)		0.099	
集装箱		20ft箱	元/(箱·km)		0.5280	
		40ft箱	元/(箱·km)		1.1220	
	空自备箱	20ft箱	元/(箱·km)		0.2640	
		40ft箱	元/(箱·km)		0.5610	

货物损失鉴定书　　　　　　　　　　　　　　附表6

_____铁　路　局

货物损失鉴定书

_____站　　　　　　　　　　　　　　　　第_____号

一、编制于　　年　　月　　日系补充　　站编第　　号 货运记录　　　站发　　　站运单　　号品名 发生　　　　　情况的鉴定书		
二、鉴定分析结论	(1)货物的性质和价格	
	(2)货物的损失程度和款额	
	(3)损失货物能否修理或者配换及所需费用,残留价值	
	(4)损失货物是否适用于原来的用途或作他用,对其价值有无影响	
	(5)货物损失的原因	甲:货物损失和包装的关系; 乙:货物损失和货物性质的关系; 丙:其他原因
三、鉴定费用		

四、参加鉴定人员职务及签章	鉴定单位	铁路	托运人	收货人	其他

本鉴定书共三份:正本送责任站,副本一份交收货人,一份留鉴定站存查。

参 考 文 献

[1] 戴实.铁路货运组织[M].北京:中国铁道出版社,2016.
[2] 刘作义,郎茂祥.铁路货物运输[M].北京:中国铁道出版社,2011.
[3] 盖宇仙.铁路货运组织[M].北京:中国铁道出版社,2011.
[4] 汪帆.铁路货物运输定价问题研究[D].成都:西南交通大学,2016.
[5] 周震宇,陶瑾.铁路货物运输的现状与发展分析[J].上海:上海铁道科技,2017(2):127-129.
[6] 陈宜吉.铁路货运组织[M].北京:中国铁道出版社,2001.
[7] 高小珣,郭晓黎,王烈.国家铁路货物整车运输比价关系探讨[J].北京:北京交通大学学报(社会科学版),2016,15(4):85-92.
[8] 罗国雄.铁路货场管理[M].北京:中国铁道出版社,2000.
[9] 李瑞峰.铁路货场管理现状分析及对策研究[J].上海:上海铁道科技,2017(4):25-27.
[10] 黄玮青.铁路大宗货物运价市场化改革研究[J].北京:铁道货运,2017,35(10):5-9.
[11] 付建飞,高小珣,李丹凝.铁路快运货物损失原因分析与对策研究[J].北京:铁道货运,2016(12):49-52.
[12] 蒋运华.关于铁路货运组织改革的思考[J].北京:铁道货运,2015(9):27-29.